Rhythmuswechsel

Rhythmuswechsel

Im Kontakt mit den lebendigen

Rhythmen des Lebens

Kerstin Donaldson

Bibliografische Information der Deutschen Nationalbibliothek.
Die Deutsche Nationalbibliothek verzeichnet diese Publikation
in der Deutschen Nationalbibliografie; detaillierte bibliografische
Daten sind im Internet über http://dnb.dnb.de abrufbar.

© 2020 Kerstin Donaldson
Herstellung und Verlag
BoD – Books on Demand, Norderstedt

ISBN: 978-3-752897265

„When you lose the rhythm of the drumbeat of God,
you are lost from the peace and rhythm of life. “

(Wenn wir den Rhythmus des Trommelschlags Gottes verlieren,
sind wir für den Frieden und den Rhythmus des Lebens verloren.)

- Sprichwort der Cheyenne

Ich widme dieses Buch allen Seelen,
die sich nach dem „Mehr" im Leben sehnen
und die den Ruf ihres Herzens nicht mehr ignorieren wollen.

Inhalt

Zum Coverbild:

Zu sehen ist die Fotographie eines Kunstobjektes meines Vaters, Josef Heiss:

„Der Big Bang"

Das bunte Objekt besteht aus etwa 10.000 Zündhölzern. Es stellt jene Kurve dar, wie Wissenschaftler sich die Entwicklung unseres Universums nach dem Urknall vorgestellt haben. Die Buntheit des Objekts spiegelt wider, dass das Weltall ziemlich farbenprächtig zu sein scheint, was in den faszinierenden Fotos des Weltraumteleskops Hubble deutlich gesehen werden kann.

Dieses kleine Zeichen – ein Dingbat – wirst du immer wieder einmal in
meinem Buch entdecken. Es ist eine chinesische Kalligraphie
für das Wort „Magie".

Fühlen

Mir schien es passend, gleich mit der Türe ins Haus zu fallen. Meine allererste Begegnung mit dir ist eine Einladung zum **Fühlen**. Eine Einladung, dich in mein Buch „hineinzufühlen", mit jedem kleinen Abschnitt, den du liest, in dir zu erspüren, was die Worte in dir auslösen. Sie dir auf der Zunge zergehen zu lassen. Sie zu schmecken. Sie zu gustieren. Sie in dir nachklingen zu lassen. Ihrem Nachhall zu lauschen und zu erfühlen, ob sie irgendwo in dir eine Resonanz auslösen.

Ich habe dieses Buch geschrieben als Antwort und Ausdruck meines Zeiterlebens. Meine Botschaft ist einfach: Finde deinen eigenen Rhythmus wieder und verbinde dich mit jenem des Kosmos!

Und ich lasse auch gleich die „Bombe platzen": Ich schreibe auch über Gott[1] und meine Beziehung zu ihm/ihr. Denn mein Zeiterleben hat vor allem auch mit einer neuen Beziehungsgestaltung zur Schöpfung zu tun.

Die Art und Weise, wie ich das Buch gestaltet habe, spiegelt den Wechsel eines Rhythmuserlebens wider, der uns Menschen ureigen ist. Es fängt jedoch zunächst mit dem Abschnitt **Herzrhythmusstörung** an, indem ich aufzeige, wie arrhythmisch wir zurzeit leben und warum es so wichtig ist, wieder auf

---

[1] Ich verwende der Einfachheit halber den Begriff „Gott", du kannst ihn gerne mit Quelle, Schöpfung, transzendente Macht o.ä. ersetzen.

deine eigenen Herzenslieder- und Melodien zu hören, und dich auf deinen eigenen schöpferischen Ausdruck zu besinnen.

Dann folgt ein Abschnitt der **Stille**,
denn diese geht jedem neuen Schöpfungsakt voraus.

Die Abschnitte **Systole** und **Diastole**[2] stehen stellvertretend und symbolisch für viele kosmische Rhythmen, deren Teil wir sind: Einatmen & ausatmen, Tag & Nacht, schlafen & wachen, Ebbe & Flut, geben & nehmen, Leben & Tod, Aktion & Reaktion, u.v.m. All diese Bewegungen leben in einem unendlichen Kreislauf fort.

Im Abschnitt **Zyklus** erzähle ich von ineinandergreifenden Rhythmen, die in der Chronobiologie erforscht werden. Im Zuge meines Forschens zu den Rhythmen des Universums stieß ich auf faszinierende Texte und Bücher zum Thema Menstruationszyklus. Ich begann, mich in dieser Thematik zu vertiefen und mein Entdeckergeist erlebte wahre Freude diesen zyklischen Rhythmus in mir genauer kennen zu lernen.

Zum ersten Mal seit meiner Jugend war das Thema Frau-Sein wieder richtig präsent und wollte neu beleuchtet werden. Ich durfte mich in meiner Weiblichkeit neu entdecken und möchte in diesem Buch alle Menschen ermutigen, sich selbst wieder in ihrer femininen Energie neu zu erforschen und zu erleben.

---

[2] Die Idee, diese Begriffe zu verwenden, habe ich von Stephen Harrod Buhner übernommen. Er hat sein faszinierendes Buch „The Secret Teachings of Plants" so gestaltet hat und ich fand sie einfach wunderbar passend für mein Buch.

Der Abschnitt zum Thema des weiblichen Zyklus ist im Verhältnis zu den anderen Kapiteln etwas umfangreicher geworden. Dies reflektiert für mich die Wichtigkeit des weiblichen Zyklus, dessen wahren Wert wir nicht mehr kennen und wertschätzen.

Ein neuer Anfang läutet den zweiten Abschnitt meines Buches ein, in welchem ich aufzeige, wie sehr sich mein eigener Rhythmuswechsel auf mein Leben und Erleben der Welt ausgewirkt hat.

Ich wünsche mir, dass mein Buch dir als eine Quelle der Inspiration dienen kann und du recht bald entdecken darfst, dass du selber eine Fülle an Möglichkeiten besitzt, aus deinem Herzen heraus zu leben und dein Leben schöpferisch zu gestalten. Es ist ein Potpourri aus Erzählungen, Wissen, Ideen, Gedichten, Übungen und Botschaften, die mir geholfen haben, meinen eigenen Rhythmus wieder zu entdecken und meine Souveränität zurück zu erobern. Somit habe ich zu einer neuen Selbstsicherheit und Unabhängigkeit gefunden, habe gelernt, meiner Intuition zu vertrauen und dem Leben an sich. Für mich persönlich ist mein eigener kreativer Ausdruck durch unterschied- liche Textformen (Gedichte, Haikus, Geschichten etc.) und Übersetzungsarbeit (und dadurch das bessere Kennenlernen der eigenen Sprache) ein lustvoller Weg, mir einen Zugang zu einer zu Welt schaffen, in der ich wachsen und er- blühen darf.

Die Themenbereiche im Abschnitt Systole könnten wie eine kurze Ausführung von therapeutischen Möglichkeiten anmuten. Die „therapeutische Idee" liegt mir jedoch fern. Tatsächliche sehe ich Kreativität und deren Ausdruck als überaus wichtigen Aspekt eines ganzheitlichen Menschseins. Dass alle Richtungen, die ich anführe, auch therapeutisch genutzt werden, liegt vermutlich darin, dass das bewusste Erleben und Ausdrücken einer kreativen Energie uns unsere Ganzheitlichkeit spürbar werden lässt und wir uns so wieder mit unserem „Heil-Sein" verbinden können.

Ich hoffe, dass du genug Zeit und Muße findest, bzw. dass du dir Zeit und Muße *erlaubst*, um in diesem Buch zu schmökern, um dem Klang und dem Rhythmus meiner Worte zu lauschen, um nachzuspüren, ob da etwas in dir anklingt.

Ich wünsche dir viel Freude, mich ein Stückweit zu begleiten, meinen Melodien zu lauschen und meinem Tanz mit den Rhythmen des Kosmos und den Abfolgen der Natur zu erleben. Und ich wünsche dir noch viel mehr, den Mut zu haben, dein eigenes Lied anzustimmen und mitzutanzen.

Kerstin Donaldson

„How we spend our days is, of course,
how we spend our lives."

„Wie wir unsere Tage verbringen, ist natürlich
wie wir unser Leben verbringen."[3]

- Annie Dillard

---

[3] Dillard. The Writing Life. S 32

Herzrhythmusstörung

Mein Herz stolpert im Bemühen, dem Leben nachzuhetzen,
das mein Kopf meint leben zu müssen.

Herzrhythmusstörungen bringen mich aus meinem Gleichgewicht,
ich verliere die Balance im Tanz des Lebens.

Ich fasse all meinen Mut zusammen und verweigere,
mich der kulturellen Zeit zu beugen.

Dann lasse ich los, lasse mich fallen und beuge stattdessen
meinen Geist in mein Herz
und entdecke endlich, was wahre Freiheit bedeutet.

Ich bin ein kosmisches Wesen, mein Herz schlägt
im Rhythmus ewigen Seins.

Im kosmischen Reigen bin ich, wie ich von Anbeginn erdacht wurde.

- K.D.

Einleitung

Als ich mich nach zwanzig Jahren in meinem Hauptberuf als Volksschullehrerin entschied, aus dem System Schule auszusteigen, war mir nicht bewusst, welche weitreichenden Veränderungen ich erleben würde. Das neue Schuljahr begann und ich war zu Hause und konnte nicht fassen, wie viel Zeit mir plötzlich zur Verfügung stand.

Noch hatte ich keine Ahnung, was ich als nächstes beruflich anfangen wollte. Ich schrieb an meinem ersten Buch, brachte unsere Wohnung wieder einmal auf Vordermann und arbeitete an unterschiedlichsten kreativen Projekten, für die ich sonst niemals Zeit gehabt hatte. Meine Tochter war in der Schule, mein Mann im Ausland unterwegs. Ohne Taktgeber von außen konnte ich mich ganz auf meine eigenen Rhythmen einlassen und stellte erstaunt fest, dass ich die meiste Zeit unheimlich produktiv & kreativ war. Ich begann, eine ungeahnte Freiheit zu spüren, die ich so zuvor noch nie erlebt hatte.

Meine Tage begannen meist frühmorgens mit einem ausgedehnten Spaziergang, dann verwoben sich Zeiten des aktiven Tuns mit Phasen der Ruhe und Entspannung. Ich begann den Wechsel der Jahreszeiten, des Wetters, meiner Gefühle und Stimmungen und der allgemeinen Zeitqualität viel bewusster wahrzunehmen und meine Verbundenheit mit der Natur intensiver zu erspüren.

Mein Leben bekam eine ungeahnte, neue Qualität:

Das Geschenk der **Herz–Zeit**.

Ich durfte ganz meinem Herzen folgen. Ich hörte auf meine inneren Impulse und richtete mich einen Großteil der Zeit ganz nach meinen eigenen Taktgebern. Das war ein Luxus, den ich unheimlich genoss, der mich aber auch aufwühlte und zum Nachdenken und Nachforschen brachte.

Ich wollte diese **Qualität** des Zeiterlebens nicht mehr missen. Und ich hatte keine Ahnung, wie ich mich aus dem Zeitkorsett, das wir uns in unserer modernen Kultur geschaffen haben, befreien konnte. Wir leben, ohne dass wir uns dessen bewusst sind, in einer künstlich erschaffenen Zeitstruktur, einem zeitlichen Korsett, einem Albtraum aus dem wir leider nur aufwachen können, wenn wir eine bewusste Entscheidung treffen.

Wir sind kosmische Wesen, eingebunden in den

Rhythmen des Universums,

doch wir leben nicht im Einklang mit diesen Liedern, den Taktgebern und Melodien von Allem, was ist. Wir haben die Verbindung mit den lebendigen

Pulsen und **Vibrationen**, die uns umgeben, verloren, und merken

nicht, dass wir nur einen Bruchteil des Lebendigen erspüren können, das uns umgibt und dessen Teil wir sind.

Unsere Abgespaltenheit hat Folgen: Wenn wir an unser physisches Herz denken, dann werden Abweichungen vom

normalen **Takt** in der Medizin als Herzrhythmusstörung

bezeichnet. Je nach Ausprägung kann die Störung gar nicht bemerkt werden oder aber zu großen Beschwerden führen, ja, es kann sogar zu lebensbedrohlichen Situationen kommen.

Wenn wir an unser emotionales Herz denken, so zeigen sich Rhythmusstörungen darin, dass wir depressiv werden oder süchtig, oder uns überlastet fühlen, oder ständig das Gefühl haben, dass etwas Wichtiges in unserem Leben fehl.

Doch was bringt unser Herz so aus dem Rhythmus? Der Psychologe Georg Fraberger schreibt in seinem Buch „Ohne Leib mit Seele", dass wir biologisch nicht dafür geschaffen sind, „ein vom Verstand her solides regelmäßiges Leben zu führen. ... die Seele muss dagegen rebellieren."[4] Es ist der 24/7-Lebensstil, der unsere Seele leiden lässt. Um in diese Art der

---

[4] Fraberger. Ohne Leib mit Seele. S 112

Lebensführung hineinzupassen, müssen wir ganz oft unsere eigenen Bedürfnisse hintanstellen.

Wenn wir in der Hektik unseres Alltags die zarten Impulse unseres Herzens nicht mehr wahrnehmen, wenn wir unsere eigenen Rhythmen nicht mehr spüren, werden wir krank, auf psychischer oder körperlicher Ebene.

In unserer Kultur gibt es kaum mehr Raum für Stille.

Stattdessen herrscht laute Betriebsamkeit und Lärm in unterschiedlichsten Formen. Wir haben uns an die ständige Geräuschkulisse gewöhnt, die unsere mechanisch-technische Welt hervorbringt, jedoch nicht ohne den Preis dafür zu bezahlen: unser Biorhythmus ist gestört, unsere mentale Gesundheit leidet und wir haben viel von unserer Fähigkeit, uns mir der Natur zu verbinden, eingebüßt. Wir versäumen die leisen Botschaften unserer inneren Weisheit und die Hinweise der lebendigen Natur um uns, die uns dabei unterstützen könnten, ein ausgefülltes, glückliches und reichhaltiges Leben zu führen.

Ich lade dich ein, die Stopptaste zu drücken. Anzuhalten. Innezuhalten. Für einen Moment aus dem Hamsterrad auszusteigen. Um dann vielleicht erstaunt festzustellen: **Da ist ja mehr!** Da gibt es mehr in meinem Leben als das ständige Laufen, Hetzen, Hinterherrennen, den ständigen Stress und Lärm, dem ich mich täglich unbedacht hingebe.

Aber ... höre ich viele sagen. *Aber* ich muss doch. *Aber* ich soll doch. *Aber* meine Kinder. *Aber* meine Arbeit.

Dein Kopf wir tausend Ausflüchte finden. Jedes dieser"*Aber*" ist ein Glied in einer Kette eines riesigen Ankers, der dich zurückhält. Schreibe das Wort „ABER" groß auf ein Stück Papier - und verbrenne es, vernichte es, trage es zu Grabe! Denn es ist dieses „Aber", das dich zurückhält, neue Wege zu gehen. Es ist dieses „Aber", das verhindert, dass du für einen Moment aus deinem Leben aussteigen kannst und es aus einer völlig anderen Perspektive betrachten kannst.

Ich lade dich ein, durchzuatmen, aufzuatmen. frische Luft und neue Energie in dich einfließen zu lassen. Das Leben in all seiner Lebendigkeit einströmen zu lassen. Alles Alte, alles, was dir nicht mehr dient, auszuatmen und neue Vitalität und Lebenskraft zu inhalieren.

Bereits im Mutterleib erfahren wir unterschiedlichste Rhythmen in vielfältigster Weise: Wir hören und spüren den Puls und Atemrhythmus unserer Mutter, die Melodie und Intonation ihrer Sprache, die Art und Weise, wie sie geht und sich bewegt, ihre Zeiten der Aktivität und der Ruhe. Als Säugling erleben wir selbst in den einfachen Funktionen unseres Körpers zyklische Abfolgen: im Ein und Aus unseres Atems, in unserer Nahrungsaufnahme und unserer Ausscheidung, im Schlafen und Wachen, im Wechsel von aktivem Tun und Ruhephasen.

Wir haben ein Bedürfnis nach rhythmischen Bewegungen und erleben dabei eine ganz spezielle Freude. Vielleicht ist es das Gefühl der Harmonie zwischen unseren inneren und äußeren Rhythmen, das uns diese freudvollen Momente erleben lässt?

Tanzen, Zeit in der Natur verbringen, Musik hören, Sex, kreatives Tun – es gibt viele Möglichkeiten uns durch unterschiedlichste rhythmische Erlebnisse wieder an die kosmischen Vibrationen, Pulse, Melodien und Liedern anzubinden.

Doch zunächst gilt es, still zu werden,

anzuhalten,

in dich zu gehen,

um den leisen Worten deines Herzes lauschen zu können, das dir beständig zuflüstert, was es liebt und was es sich so sehnlich wünscht.

Hast du den Mut, deinen Träumen zu begegnen?

Stille

„Über Stille darf zuletzt nur Dichtung reden.
Nur die Wörter der Dichter brechen das Schweigen nicht,
sondern lassen es vielmehr zu Wort kommen."

- David Steindl-Rast [5]

---

[5] Steindl-Rast. Achtsamkeit des Herzens. S 153

Es kam ganz leise
Bei Mann und Frau zum Alltag
Ein Neujahrslächeln

- Issa Kobayashi

In der Stille angekommen

In der Stille angekommen
gehe ich in mich,
stehe ich zu meinen Stärken und Schwächen,
liegen mir mein Leben
und die Liebe
am Herzen.
In der Stille angekommen,
siehe ich mich, dich, euch
und die Welt
mit anderen Augen,
mit den Augen des Herzens.
In der Stille angekommen,
höre ich auf mein Inneres,
spüre ich Geborgenheit,
lerne ich Gelassenheit,
tanke ich Vertrauen.

- Ernst Ferstl[6]

---

[6] Ferstl. Herznah. - mit freundlicher Genehmigung des Autors

Die drei magischen Zustände

Stille:
Unsere Seele erblüht in der Stille.

Dankbarkeit:
In der Stille erfahren wir eine tiefe Dankbarkeit.

Innerer Frieden:
Durch die Dankbarkeit erfahren wir einen tiefen inneren Frieden.

Stille heilt.

- Afschin Kamrani[7]

---

[7] afschin.com – mit freundlicher Genehmigung des Autors

Systole

Die Systole bezeichnet jene Phase des Blutkreislaufs, wenn sich dein Herzmuskel anspannt und das Blut ausströmt. Es ist die Phase der Aktivität, der Bewegung, der Dynamik, der Leistungsfähigkeit, des Tuns.

Die Systole symbolisiert jene Zeitqualität, in der wir uns ausdrücken, in der wir die Inspirationen und Ideen, die wir in der Stille erhalten haben, formen und in die Welt bringen. In einem schöpferischen Akt materialisieren wir, was zuvor in uns als Gedanke aufgekeimt ist.

Es ist die Zeitqualität, in der wir aktiv sind, in der wir mit ausgestreckten Armen in die Welt greifen, tasten, spüren, berühren, formen, halten, bewegen, und die Antwort der Welt auf unser Tun erfahren.

Herzschlag

Der Herzschlag ist einer der ersten Rhythmen, der ein Leben begleitet. Die meisten stellen sich das Herz als eine Art Pumpe vor, die das Blut in einem regelmäßigen Rhythmus durch den Körper pumpt. (Eine Sichtweise die unsere technisch-mechanisch orientierte Weltsicht hervorgebracht hat.) Wenn du aber die Funktion deines Herzens und deines Blutkreislaufs genauer anschaust, entdeckst du Erstaunliches:

„Das Blut wird nicht durch Druck angetrieben, sondern bewegt sich
mit seinem eigenen biologischen Impuls und seinem eigenen Flussmuster."
- Ralf Marinelli [8]

Dein Blut bewegt sich tatsächlich nicht durch die Pumpleistung deines Herzens, sondern aus eigener Kraft. Forscher entdeckten dies, als sie Hühnerembryos untersuchten. Ihr Blut zirkulierte in einem regelmäßigen Kreislauf *bevor* ihr Herz ausreichende Pumpkraft entwickelte.

Dein Herz birgt noch viele Mysterien, die Forscher gerade erst dabei sind zu entdecken. Beispielsweise weiß man jetzt, dass es über ein eigenes, neuronales Netzwerk verfügt. Dieses „Herz-Hirn" wirkt regulierend, kann eigenständig wahrnehmen und nimmt Veränderungen früher wahr, als dein

---

[8] Marinelli. The Secret Teachings of Plants. S 95

Gehirn. So hat das Heart-Math-Institut[9] in Kalifornien, das sich auf die Erforschung des Herzens konzentriert, herausgefunden, dass das Herz mehr Informationen an das Gehirn sendet als umgekehrt.

Das Herz hat einen direkten Einfluss auf unsere Gehirnfunktionen. So werden deine Aufmerksamkeit, deine Wahrnehmung, dein Gedächtnis und deine Fähigkeit Probleme zu lösen, direkt von deinem Herzen beeinflusst. Durch seine Funktion als „Hormonfabrik" hat es einen enormen Einfluss auf deinen gesamten Organismus.

Der Rhythmus deines Herzens wird unregelmäßig, wenn du gestresst bist oder negative Emotionen in dir hochkommen. Dieser „gestörte" Rhythmus sendet Signale in dein Hirn, das höhere kognitive Funktionen hemmt. Das bedeutet, dass du nicht klar denken kannst, dass deine Lern- und Gedächtnisleistung gehemmt werden und du nicht in der Lage bist, effektive Entscheidungen zu treffen.

Genau das Gegenteil geschieht, wenn du entspannt bist und positive Emotionen hast. Du kannst dein Hirn dann wesentlich effektiver nutzen. Darum ist es sehr hilfreich zu lernen, wie du eine erhöhte Kohärenz[10] deines Herzrhythmus erreichen kannst und das geschieht u.a. dadurch, dass du lernst, eine positive Stimmung aufrecht zu erhalten und effektiv mit Stress umzugehen.

---

[9] www.heartmath.org
[10] Gemeint ist hier ein „Gleichklang" des Herzens mit all den anderen Organen deines Körpers

Das Heart-Math-Institut hat eine Reihe von Übungen entwickelt, mit denen du aktiv die Herzkohärenz beeinflussen kannst. Eine, die ich von der schwedischen GFK-Trainerin, Liv Larsson, gelernt habe, ist sehr einfach durchzuführen und dauert nur wenige Minuten. Je öfter du sie übst, umso schneller wird es dir gelingen, dein Herz wieder in einen Rhythmus schwingen zu lassen, der dir dienlich ist.

Herz-Kohärenz-Übung

Überlege dir, bevor du mit der Übung beginnst, eine positive Situation, in der du Dankbarkeit, Liebe, Wärme oder Ruhe empfunden hast. (Du brauchst dieses angenehme, positive Gefühl dann später.)

1. Atme 1-2 Minuten langsam ein und aus, und konzentriere dich besonders auf die Ausatmung. Pausiere jedes Mal kurz, bis du den Einatmungs-Impuls deutlich spürst.
2. Atme nun normal weiter und stelle dir dabei vor, dass du durch dein Herz atmest. Es kann hilfreich sein, dafür eine Hand auf den Herzbereich zu legen. Stelle dir bildhaft vor, wie der frische Atem in dein Herz fließt, und wie Altes und Verbrauchtes ausströmen kann.
3. Denke nun an jenes positive Gefühl, an das du zuvor gedacht hast, und stelle dir vor, wie du dieses in dein Herz hinein atmest. Atme ruhig weiter und konzentriere dich darauf, das positive Gefühl so intensiv wie möglich zu spüren und in dein Herz fließen zu lassen. Versuche diese Gefühls-Atmung eine bis mehrere Minuten lang aufrecht zu erhalten.

Übe täglich ca. 5 Minuten über mindestens 6 Wochen – dann kann sich in deinem Selbstwert, deiner Aufmerksamkeit, deinem Stressempfinden und deiner allgemeinen Befindlichkeit vieles zum Positiven verändern.

Wofür schlägt dein Herz?

Hat das, was du liebst und gerne tust, ausreichend Raum in deinem Leben?

Welche Ideen und Visionen spiralisieren durch deinen Körper und möchten von dir geboren werden?

Atmen

Wie der Herzschlag gehört auch der Fluss des Ein- und Ausatmens zu einer unserer ersten Rhythmuserfahrungen. Mit der Atmung bringen wir Energie in unser Körpersystem. Die chinesische Tradition spricht von Qi, die indische von Prana - beide meinen damit Lebensenergie, die wir durch die Atmung erhalten.

Das Einatmen geschieht durch einen Reflex. Wir können nicht entscheiden, ob wir einatmen wollen, doch wir können entscheiden, WIE wir einatmen wollen. Das Zwerchfell ist hier ein wichtiger Helfer. Es unterstützt nicht nur die Atmung, sondern bringt auch unsere Organe zum Schwingen. Ist es nicht interessant, dass das Wort *„Organ"* im Lateinischen *„Werkzeug bzw. (Musik)Instrument"* bedeutet? [11]

Der Atem – die kosmische Energie - fließt in uns ein und bringt unsere Organe über das Zwerchfell zum Schwingen. Unser gesamter Organismus stimmt sich so ein auf die äußeren, kosmischen Rhythmen. In unserer Ausatmung bringen wir unser Inneres nach außen – bringen unsere eigene Schwingung, unser eigenes Lied in das große Ganze ein.

Wie fließt dein Atem?

Kannst du tief und frei atmen, oder hältst du immer wieder mal die Luft an?

---

[11] Vgl. https://www.dwds.de/wb/Organ

Wann stockt dir dein Atem oder geht dir die Luft aus?

Die Art und Weise, wie du ein- und ausatmest erzählt dir, wie du mit dem Kosmos (im Außen) und mit dir selbst (im Innen) verbunden bist.

Jemand erzählte mir einmal, dass sein Qigong Lehrer beim Training immer sagt: „Atme tief - bis in die kleine Zehe hinein." Deine Atmung sollte tief in den Bauch hinein gehen – das gelingt nur, wenn dein Zwerchfell frei schwingen kann und die Atemhilfsmuskeln optimal ausgerichtet sind. (Sorge dafür, dass du was zu lachen hast, denn das schüttelt dein Zwergfell richtig durch und entspannt die Muskeln, und du kannst freier atmen.)

Tiefe, volle Atmung lässt sich trainieren und hilft dir, wieder in Balance zu kommen. Aktives Sitzen, mehr Bewegung, singen - das können erste Schritte sein, deinen Atmungsprozess zu unterstützen.

Die folgende Atemübung kann dir helfen, wieder in einen tieferen, freieren Atemrhythmus zu kommen.

Atem-Übung

* Lege dich auf den Boden oder setze dich so hin, dass du leicht für 10 Minuten aufrecht sitzen kannst.
* Lege eine Hand auf deinen Bauch, damit du die Atembewegung gut spüren kannst.

* Schließe die Augen.
* Atme durch die Nase tief in deinen Bauch ein, während du langsam bis drei zählst. Stelle dir vor, dass dabei helle, energiebringende Luft durch deine Nase einströmt.
* Halte die Luft entspannt an, während du langsam bis drei zählst.
* Atme dann durch den Mund aus. Stelle dir dabei vor, wie verbrauchte, graue Energie aus deinem Körper ausströmt.
* Wiederhole diese Atemzyklen und stelle dir dabei bildhaft vor, wie helle, lichtbringende Energie immer tiefer und weiter deinen Körper erfüllt. Lass diese Energie durch deinen Körper strömen und alle Blockaden lösen.
* Fühle, wie du ruhiger wirst. Wie deine Muskeln sich entspannen, weich werden und dein Geist sich beruhigt.

Ausdruck und Bewegung

Wann hast du dich das letzte Mal kreativ-schöpferisch ausgedrückt? Wann hast du das letzte Mal frei getanzt, gezeichnet oder gemalt, aus voller Kehle gesungen, einen Text geschrieben, aus Ton etwas geformt oder in deiner Fantasie einen Stock zum Leben erweckt? Wie kommt deine Kreativität, deine Neugierde, deine Freude, deine Liebe, dein ureigenes Sein zum Ausdruck?

Wir haben uns in unserer kreativen Ausdrucksraft beschneiden lassen, sind im Zeichen-, Werk- und Turnunterricht unserer Schulzeit nach einer gesellschaftlich akzeptierten und politisch-wirtschaftlich nützlichen Form zurechtgebogen und „verbildet" worden. Uns wurde gesagt, was richtig und falsch ist, was zu groß, zu klein, zu laut, zu leise, zu bunt und zu einfärbig ist. Wir wurden darin belehrt, was „Kunst" ist, was wertvoll und beachtenswert ist, und was man lieber in die hinterste Schublade oder besser gleich in den Müll verschwinden lässt.

Nur wenigen gelingt es, ihre natürliche Ausdrucksform zu bewahren und sich in ihrem Schaffen nicht beirren zu lassen. So halten sich viele für völlig untalentiert, genieren sich, vor anderen zu singen oder zu tanzen, und verstecken schüchtern die Zeichnungen und Texte, die sie in Stunden der Muße hervorgebracht haben und zeigen eine große Scheu, sich dem Kreativen wieder zu nähern. Wir halten uns für „nicht gut" oder „nicht kreativ genug".

Wir beurteilen unsere Schöpfungen nach eingeengten Maßstäben unserer Gesellschaft und lassen es lieber bleiben, unseren inneren, kreativen Impulsen Ausdruck zu verleihen, als uns den Beurteilungen von außen (und innen) zu stellen.

Dabei geht uns ein maßgeblicher Teil unseres Menschseins verloren. Ein Teil, der uns unsere Lebendigkeit und unsere freie Natur erleben ließe.

> *„Kreativität drückt sich nicht im Produkt aus,*
> *sondern im Prozess der Formgebung."*
> - Miranda Gray [12]

Ich möchte dich einladen, (wieder) kreativ zu werden. Es gibt so viele Möglichkeiten, deine schöpferische Kraft auszudrücken. Dabei geht es nicht darum, ein Produkt zu schaffen oder etwas herzustellen. Es geht um den Vorgang an sich. Es geht um den Prozess, mit der Kreativität zu spielen und mit Ideen zu tanzen.

Die besten Lehrmeister sind sehr junge Kinder. Dürfen diese sich frei entwickeln, bringen sie ihre unglaubliche Energie zum Ausdruck. Wenn du dir einmal Zeit nimmst, sie zu beobachten (was ich dir dringlich empfehle), dann wirst du die unglaubliche Konzentration und Hingabe beobachten können, die sie einem kreativen Akt schenken. Kannst du bei dir beobachten, dass du dich manchmal oder oft zurücknimmst, dich klein machst oder dir nicht zutraust, gestalterisch sein zu können?

---

[12] Gray. Roter Mond. S 157

Den Kindern ist nicht wichtig, wie oder ob ein Produkt entsteht. Es ist das Tun selbst, das Formen, das Ausdrücken, das lebendig werden lassen eines Gefühls, das sie leben. Es ist das Einlassen auf das Material, sei es Matsch, Farbe, Naturmaterial, Papier oder Gefühle, verschiedene Formen der Bewegung, Stimmspiele, singen o.ä. Es ist eine Kommunikation zwischen dem Materiellen und dem eigenen Körper. Es ist ein Spiel, mit den eigenen Händen etwas zu formen oder mit dem Körper etwas zu erzählen, zu gestalten, darzustellen und ins Leben zu bringen.

Unsere jüngsten Kinder leben uns dies vor. Wie kreativ und vielfältig, wie lebendig und frei wäre unsere Welt, würden wir nicht aufgehört haben, mit der Welt zu spielen!

In dem wir der ständigen Einladung der Kinder folgen, indem wir mit ihnen im Matsch landen, gemeinsam die Ölkreiden und Stifte ausprobieren oder uns der Musik überlassen, die uns singend und tanzend in eine kreative Welt trägt, haben wir immer wieder die Chance, unsere schöpferisch-kreative Seite zum Vorschein kommen zu lassen und uns hier weiter zu entwickeln.

Tanzen

Wann durfte sich dein „innerer Tänzer" oder deine „innere Tänzerin" das letzte Mal so richtig ausdrücken? Wann hast du dich zuletzt davontragen lassen von der Musik in eine Welt der freien Bewegung und des uneingeschränkten Ausdrucks? Rhythmen folgen universellen Mustern und erlauben dir, in deiner Bewegung zur Musik das zum Ausdruck zu bringen, was in deinem Inneren vorgeht. Dabei wirst du wieder geerdet, es darf zum Vorschein kommen, was in dir gesehen werden will und du kannst Blockaden lösen - so können deine Energien wieder frei fließen.

> *„Wenn du deine Psyche in Bewegung bringst,*
> *heilt sie sich selbst."*
> - Gabrielle Roth [13]

Du könntest einfach deine Lieblings-CD einlegen und lostanzen. Sehr hilfreich sind vor allem Musikstücke von indigenen Kulturen, denn diese greifen ursprüngliche, naturverbundene Rhythmen auf und können uns helfen, wieder in Synchronisation mit diesen zu kommen. Ich liebe afrikanische Musik oder heiße südamerikanische Rhythmen, zu denen ich richtig energievoll „abtanzen" kann. Für ruhigere, fließende Bewegungen genieße ich asiatisch-orientale Rhythmen.

Beobachte, welche Rhythmen du genießt. Sind es runde, fließende Bewegungen, die dich ansprechen? Ist es mehr das chaotische, das wilde,

---

[13] www.5rhythmen-tanz.com/de/5rhythmen/5rhythmen.html

zuckende Tanzen, das deine Gliedmaßen durchrütteln mag? Sind es laute Powertöne, die dich ansprechen oder sind es die sanften Melodien, die dein Herz in die Freude bringen?

Ich möchte dich ermutigen, auch mal jenseits deines gewohnten Musik-geschmacks zu forschen und dich auf unterschiedliches „Musik-Material" einzulassen. Du kannst nichts Neues in dein Leben bringen, nichts Neues erleben, wenn du stets die alten, bekannten Wege gehst (oder Lieder tanzt).

Beobachte, wie dein Körper auf Rhythmen und Melodien reagiert, die noch fremdartig für deine Ohren klingen! Lass dich darauf ein, deinen Körper sprechen zu lassen und beobachte neugierig, was da aus dir hervorkommen mag. Du bist so viel mehr, als du denkst!

Jede Faser

Jede Zelle

Jeder Knochen

Jeder Muskel

Jede Sehne

Jede einzelne Haarwurzel

zuckt vor Vergnügen,

wenn ich tanze.

-K.D.

Schreiben

Es kommt nicht von ungefähr, dass schreiben eine therapeutische Wirkung haben kann. Das Spiel mit den Worten, das Ringen um den richtigen Ausdruck, das Hineinfühlen in einen Text kann tiefe, verborgene Gefühle in einer ganz speziellen Art und Weise berühren.

Poesie ist die Sprache der Seele. Sie verwendet Metaphern und Analogien als Symbole, die aus unserem tiefen Inneren kommen und uns in sehr intensiver, dichter Form Informationen und weises Wissen übermitteln können.

Es gibt unzählige Möglichkeiten, dich in schreibender Form auszudrücken. Falls du hier eingerostet bist oder gar eine Schreibhemmung hast, gibt es ein paar einfache Möglichkeiten wieder in einen Schreibfluss zu kommen.

Wenn du denkst, dass du nicht viel Zeit dafür hast, schreibe einfach nur einen einzigen Satz pro Tag: formuliere einen wichtigen Gedanken oder schreibe eine Sache auf, für die du dankbar bist. (z.B. in den Kalender oder in ein Mini-Tagebuch).

Was manchmal klein beginnt, hat immer auch das Potential, größer zu werden. Vielleicht entdeckst du durch diese kleinen Schritte, dass es dir Spaß macht, dich schriftlich auszudrücken und aus einem Satz pro Tag wird ein kurzer Text, ein Gedicht, eine Geschichte oder am Ende gar ein ganzes Buch.

Sehr spannend kann es sein, ohne nachdenken zu schreiben. Hier gibt es die 3-Minuten-Schreibtechnik: Lege ein Blatt Papier und einen Stift bereit. Stelle eine Uhr auf drei Minuten und los geht's: schreibe alles auf, was dir in den Sinn kommt. ALLES! Nichts wird beurteilt, alles darf sein. Lass dich überraschen, was dabei alles aus dir rauskommt! Es ist unheimlich spannend, was so aus einem herausquellt, wenn es unzensiert zu Papier gebracht werden darf.

Wenn du Lust hast, kannst du anschließend noch versuchen, aus dem „Material" etwas zu gestalten. Schreibe zum Beispiel ein Haiku, ein Elfchen, ein gereimtes Gedicht oder eine Geschichte.

Schreibspuren

Ungehemmt fliege ich mit meiner Feder
über die weiße Fläche des Papiers.
Wie ein Fährtenleser folge ich den Spuren,
die die blaue Tinte hinterlässt -
mitten hinein in meine Seele.

- K.D.

Malen und Zeichnen

In jedem von uns steckt eine kreative Ausdruckskraft. Mit Farben und Untergrund (die Auswahl an Möglichkeiten ist hier enorm) kannst du dir einen schöpferischen Raum eröffnen, in dem zutiefst persönliche, bildhafte Ausdrücke entstehen dürfen.

Das Spiel mit dem Farb- und Zeichenmaterial kann dir helfen, aus deinem Alltag herauszutreten und in die Welt der Fantasie, der Intuition und der inneren Ausdruckskraft einzutauchen.

Das selbstbestimmte Tun und das Eintauchen in diese ganz spezielle kreative Welt erlaubt dir, dich individuell auszudrücken und eröffnet auch einen Raum für deine Persönlichkeitsentwicklung.

Wenn du Kinder hast, dann borge dir die Wasserfarben, Buntstifte oder Ölkreiden von ihnen aus, oder besorge dir eigene Malfarben und große Papiere. Spiele einfach herum mit den Farben - ohne Sinn und ohne Ziel. Versuche, wieder ganz Kind zu sein. Erlaube dir, die Freude am Entdecken und Ausprobieren wieder in dir zu finden. Lass dich von deinen Händen führen.

Mach dich frei, von dem was „schön" oder „sinnvoll" oder „wertvoll" ist. Es geht nicht darum, ein Kunstwerk herzustellen - es geht überhaupt nicht darum am Ende ein Werk präsentieren zu können.

Es geht rein um die Lust des Schaffens, dem Spiel mit Form und Farbe, dem schöpferischen Ausdruck dessen, was in dir ist.

„Wer zu dieser Äußerung kommt,
sich von allen Vorbildern und Vorstellungen befreit,
hemmungslos die natürliche Spur entstehen lässt,
kehrt zu seinem wahren Wesen zurück."

- Arno Stern[14]

---

[14] https://arnostern.com/de/malort.htm

Formen

Wann hast du zuletzt ein Stück Lehm oder Knetmasse in den Händen gehabt, die glatte, formbare Struktur der Masse geknetet, geformt, damit gespielt und deinen Finger einfach erlaubt zu tun, was immer sie wollten?

Das Arbeiten und Spielen mit einer knetbaren Masse hat etwas Archaisches. [15] Es berührt uns auf tiefer, unbewusster Ebene. Wir halten und begreifen, wir erkunden und schaffen Ausdruck. Material, das durch unsere Hände formbar ist, ist wenig strukturgebend – wir können selbst eine Struktur erschaffen und so unsere ureigene Formgebungskraft erleben. Wir erleben durch die Flexibilität und Wandelbarkeit des Materials einen großen Gestaltungs-spielraum. Etwas zu modellieren, etwas mit eigenen Händen zu formen, etwas Neues zu erschaffen, hat eine Wirkung auf unseren Körper, unseren Geist und unsere Seele.

Ich habe mit meinen Schülern sehr gerne gebacken. Immer wieder fanden wir Gelegenheiten im Jahreslauf, etwas aus Teig zu formen, um es später genüsslich zu verzehren. Der größte Genuss lag allerdings darin, den Teig zu bearbeiten. Ihn in Händen zu halten, anfangs noch seine kühle, feste Form zu erspüren (wenn er gerade frisch aus dem Kühlschrank kam) um nach und nach seine warme Weichheit zu erfahren (nachdem er in den kleinen Kinderhänden unendlich herumgeknetet wurde).

---

[15] Ich meine hier nicht etwas Primitives oder Altertümliches, sondern etwas, das uns berührt, weil wir als Menschen schon seit tausenden Jahren die Formbarkeit der Erde nutzen.

Wenn ich in der Tonwerkstatt einer lieben Freundin arbeite, dann komme ich schon nach kurzer Zeit zu einer inneren Ruhe und Gelassenheit. Es ist der Ton, das Material selbst, das etwas mit mir „macht". Es hat etwas „erdendes" mich mit dem Material zu verbinden, es zentriert und konzentriert meinen Geist.

Ich ermutige dich, dir ein Knetmaterial zu suchen. Wenn du Kinder hast, haben sie bestimmt Plastilin oder eine andere Knetmasse, mit dem du wieder einen ersten Kontakt zu formbarem Material herstellen kannst.

Oder besuche eine Tonwerkstatt und erlebe dort die erdende, entspannende, lustvolle Wirkung des Gestaltens mit diesem wunderbaren Material.

Backen ist eine weitere Möglichkeit, dich mit der Kraft deiner Hände auszudrücken und Formbarkeit von Material zu erleben. Ein frisch gebackenes Brot und selbstgemachte Brötchen sind - noch leicht warm mit etwas Butter genossen - für mich durch nichts zu übertreffen.

Musizieren

Es ist mehr eine Kakophonie als ein harmonischer Zusammenklang, als ich gemeinsam mit Freunden und Familie in einer späten Silvesternacht musiziere: es wird gespielt, was das Zeug hält: ein Kontrabass, ein Cajon, Maracas, Claves, ein Agogo und zahlreiche Chicken-shakes. Trotz der schrägen Klänge ist die Freude riesengroß.

Das erlebte ich auch als Lehrerin immer wieder, wenn ich die Kiste mit den vielen Orff-Instrumenten hervorholte. Ein Leuchten ging durch die Augen der Kinder und sie konnten es kaum aushalten, sich nicht sofort auf die Instrumente zu stürzen.

Musik wirkt. Sie geht unter die Haut und berührt unser Herz. Sie beeinflusst unsere Stimmung und lenkt unsere Emotionen. Sie kann sogar die Intensität des Pulses und der Herzfrequenz verändern. Sie wirkt auf deinen Atemrhythmus, deinen Stoffwechsel und dein Schmerzempfinden.

Nicht umsonst hat sich die Musiktherapie entwickelt – das Hören und Erleben von Musikstücken oder das eigene Gestalten mit Instrumenten oder dem eigenen Körper als Instrument, kann verborgene Ressourcen aktivieren und die Selbstwahrnehmung und den Selbstausdruck stärken. Der Trommelmusiker Babatunde Olatunji bezeichnet Rhythmus als *die Seele des Lebens* [16], denn das ganze Universum dreht sich um Rhythmen. Wenn wir aus dem Takt kommen, dann kommen wir in Schwierigkeiten. Neben der menschlichen

---

[16] Levey. Living Balance. S111

Stimme ist für ihn die Trommel ein wichtiges Instrument, das eine Neu-ausrichtung innerhalb des menschlichen Systems schaffen kann.

„Die Musik ist die Stenographie des Gefühls."

- Leo Nikolajewitsch Graf Tolstoi

Vielleicht hast du Lust wieder ins Musizieren zu kommen. Wenn du ein Instrument hast und es schon lange nicht mehr gespielt hast, ist es jetzt vielleicht wieder an der Zeit, es aus seinem verstaubten Dasein zu holen und deine Fähigkeit neu zu aktivieren.

Vielleicht hattest du schon immer die Idee, „irgendwann einmal" ein Instrument zu lernen – dann ist jetzt die Zeit dafür. (Denn „irgendwann" kommt nie von selbst.)

Es braucht aber nicht immer gleich einen profihaften Zugang. Kennst du die Percussion-Band *Stomp*? Die Gruppe spielt mit Haushaltsgeräten und ist weltweit erfolgreich. Besen, Kunststoffbehälter, Topfdeckel, Fässer, Gläser, Streichholzschachteln – alles lässt sich als ein Instrument verwenden.

Trommel einfach drauf los! Hau' (musikalisch) auf den Putz! Lass' die Gläser klirren! Entdecke neu - wie ein Kind - die Lust am Geräusche machen. Es braucht nicht immer eine Symphonie sein – es darf auch einfach einmal eine Kakophonie sein, die dein Herz zum Lachen bringt.

Spielen

Das Spiel, von dem ich hier rede, meint nicht die kulturellen Spieltechniken, die wir von unseren Eltern oder der Gesellschaft gelernt haben. Ich meine nicht jene Spiele, die uns in den Wettbewerb, in den Kampf, in Revanche, in Strategie und Taktik einführen und unsere Herzen weit auseinander entfernen, weil Sieg oder Niederlage wie eine Mauer zwischen uns stehen.

Das Spiel, von dem ich erzähle, ist das ursprüngliche Spiel, eine Form der Bewegung und Begegnung, die ebenso wie die Gravitation, ein natur-gegebenes Phänomen ist. In diesem Spiel können wir einander frei begegnen, ohne die einschränkenden Ziele oder Vorgaben kultureller Spiele. Wir können mit jenen Menschen, die wild oder aggressiv auf uns zukommen genauso liebevoll umgehen wie mit jenen, die uns achtsam und wertschätzend begegnen. Wir können mit den Situationen, die das Leben uns bringt, egal ob wir sie zunächst positiv oder negativ bewerten, einen bereichernden Umgang finden, der uns wachsen und erblühen lässt.

Ich habe diese Form des Spiels durch meinen Mann Fred kennengelernt. Er war es, der vor über 47 Jahren eine Entdeckung gemacht hat, die unser gesamtes Weltbild verändern könnte: *Liebe ist stärker als Angst*.

Wir brauchen nicht lernen, uns selbst zu verteidigen, wir brauchen in keine Kurse gehen um zu erfahren, wie wir uns vor anderen am besten schützen können. Was uns wirklich weiterhilft ist zu lernen, bedingungslos zu lieben. Und das ist zugleich unheimlich einfach und extrem herausfordernd.

Ich kann dir keine Abkürzung zu dieser Form des ursprünglichen Spiels bieten. Es erfordert deine Neugier, dein „Wissen-wollen", deinen Forschergeist, diese Form der Begegnung mit dem Leben selbst zu entdecken.

Es erfordert deine ganze Hinwendung. Dein Einlassen, dein Vertrauen, dass es etwas in dir gibt, dass es dir ermöglicht, dich verbunden zu fühlen mit Allem-was-ist. Etwas, was dich fühlen lässt, dass du nicht allein bist, sondern ein Teil eines großen Ganzen.

Es könnte sogar mal von dir fordern, dass du dein Leben aufs Spiel setzt. Aber es wird dir so viel mehr geben, als du es dir jemals vorstellen könntest. Wie Fred antwortet, wenn Krebskranke oder Gangmitglieder ihn fragen, ob das ursprüngliche Spiel ihr Leben retten könnte: *"Du wirst dich lebendiger fühlen, während du lebst."*

„Der Mensch spielt nur,
wo er in voller Bedeutung des Wortes Mensch ist,
und er ist nur da ganz Mensch, wo er spielt."

- Friedrich von Schiller

Gehen

Unsere urbane Mobilität lässt uns viele Wegstrecken per Auto, Bus, Rad, Segway, Roller oder anderem Gerät zurücklegen. Dabei ist dein Körper vor allem für das gehende Tempo geschaffen. Der Rhythmus des Gehens kann beruhigend auf dein Nervensystem wirken. Er kann dir helfen, wieder zurück zu dir selbst zu finden. Er kann dich darin unterstützen, wieder im Hier und Jetzt anzukommen und nicht im Laufschritt deiner Zeit viel zu weit „voraus" zu sein.

Ich habe nie verstanden, warum meine Schüler so gerne in Socken oder barfuß herumliefen. Erst als ich selbst Schuhe und Socken auszog, entdeckte ich, wie wundervoll samtig sich unser Schulboden anfühlt. Ich entdeckte das Barfuß gehen für mich. Ich genieße das erfrischende Gefühl, wenn ich durch den feuchtkalten Morgentau gehe, liebe die verschiedenartigen Strukturen der Böden und die unterschiedlichen Temperaturen - all diese Empfindungen, die ich über meine Füße empfange, bringen neue Impulse und ein Gefühl der Lebendigkeit in meinen Körper.

Das Barfußgehen hat Folgen: Die Füße verändern sich - das Längs- und Quergewölbe wird gestärkt, die Haut wird erstaunlicherweise weicher, die Füße fühlen sich lebendiger an und „weigern" sich mitunter, wieder in Schuhe gesteckt zu werden. Ich fühle mich anders in meinem Körper: Zufriedener. Satt. Geerdet.

Mittlerweile gibt es viele Studien, die sich mit dem Thema erden[17] beschäftigen und die darin eine heilsame Wirkung sehen. In der direkten Berührung mit der Erde wird der Körper mit Elektronen versorgt, die als Antioxidantien wirken. Das hat eine bedeutsame Auswirkung auf entzündliche Prozesse. Auch reduziert erden alle Stressindikatoren im Körper.

Nimm dir die Zeit, mehr „gehen" in dein Leben einzubauen, Zeit, dich in einem ruhigen Tempo in der Natur zu bewegen und dabei die Gedanken fließen zu lassen. Das braucht Übung. Doch irgendwann wirst du deinem Stress, deinen negativen Gedanken, deinen inneren Entzündungsherden und anderen Schwierigkeiten einfach davon gegangen sein.

„Gehe, als würden deine Füße die Erde küssen."

- Thich Nhat Hanh

Die folgende Übung kann deine Aufmerksamkeit auf dein Körpergefühl lenken und dir helfen, ihn genauer und sensibler wahrzunehmen.

Geh-Übung

Wähle einen einfachen Wald- oder Wiesenweg und gehe ihn einige Minuten. Beobachte dabei ganz genau, *WIE* du gehst.

---

[17] Gemeint ist das absichtsvolle Verbinden mit Mutter Erde.

Kannst du deinen Kopf erhoben halten, um die Umgebung zu genießen, um zu sehen, welche Gräser, Blumen und Bäume neben dem Weg wachsen? Oder ist dein Kopf ständig gebeugt, weil du schauen musst, wo deine Füße den nächsten Schritt setzen sollen?

Gehe dann bewusst eine Zeitlang, „erhobenen Hauptes", ohne den Kopf oder den Blick zu senken. Vielleicht ist es anfangs ein wenig ungewohnt oder schwierig, aber nach einiger Übung wirst du merken, dass deine Füße ganz genau *„wissen"* wo sie hinsteigen müssen, ohne zu stolpern oder in eine Grube zu treten.

Diese Übung hat einen doppelten Effekt. Du kannst durch sie nicht nur lernen, dein natürliches „Fußwissen" zu aktivieren, sondern du wirst auch bemerken, dass du viel mehr in deiner Umgebung wahrnehmen wirst, als du es bisher konntest.

Dein Blick- und somit auch dein Wahrnehmungsfeld erweitert sich. Außerdem ändert sich deine Haltung. Äußerlich wie innerlich.

Zuhören

Wie oft reden wir aneinander vorbei oder schreien uns gegenseitig an in der Hoffnung, besser verstanden zu werden? Wie oft hören wir nur halb hin, mit den Gedanken ganz wo anders, oder hören nicht zu mit der Absicht, den anderen zu verstehen, sondern bereits mit dem Fokus auf unsere eigene Antwort?

Es hat mich viele Jahre gebraucht, bis ich den Wert und die Bedeutung „echten" Zuhörens verstanden habe. Als ich Anfang dreißig in den wohltuenden und heilsamen Genuss eines empathischen Zuhörers kam, wollte ich diese Qualität der Kommunikation nicht mehr missen. Menschen zu finden, die diese Kunst tatsächlich beherrschen, war gar nicht so einfach.

Ich hatte das große Glück, die gewaltfreie Kommunikation, wie sie von Marshall Rosenberg gelehrt wurde, für mich zu entdecken. Im Zuge der Trainings lernte ich Menschen kennen, die *wirklich* zuhören konnten.

Immer wieder durfte ich in herausfordernden Situationen erleben, wie unglaublich erleichternd es sich anfühlt, sich wirklich gehört zu fühlen. Egal wie ich mich ausdrücke, egal wie hilflos die Worte aus meinem Mund purzeln, oder wie verworren oder verärgert ich spreche, mein Gegenüber vermittelt mir durch die Art und Weise, wie er mir zuhört, das Gefühl, verstanden zu werden.

Tatsächlich wird eine tiefe Verbundenheit spürbar, wenn wir einander wirklich von Herzen zuhören. Es ist ein unglaubliches Geschenk, das wir einem anderen machen können – ihm mit voller Präsenz und offenem Herzen zuzuhören und ihm so einen Raum zu eröffnen, in dem er sich völlig angenommen, verstanden und geliebt fühlen darf.

Wirklich zuzuhören ist für viele eine Herausforderung, weil es uns so viel abverlangt. Wir brauchen innere Reife und Sicherheit, sodass wir uns nicht mehr durch Argumente, Erklärungen oder eigene Geschichten beweisen müssen. So sind wir innerlich frei den anderen zu empfangen und seine Worte aufzunehmen.

> *„Zuhören ist eine Haltung des Herzens, ein echtes Verlangen,*
> *mit einem anderen zusammen zu sein,*
> *das sowohl anziehend als auch heilsam ist."*

> - Sura Hart [18]

Hörübung

Die folgende Übung stellt einen ersten kleinen Einstieg ins Reich des aktiven Zuhörens dar. Lass dich überraschen, welche wunderbaren Begegnungen und

---

[18] Sura Hart, Respectful Parents, Respectful Kids: 7 Keys to Turn Family Conflict into Cooperation

Ereignisse du durch dieses scheinbar einfache Prinzip in dein Leben ziehen kannst.

Ich lade dich ein, dich auf eine Übung des Zuhörens einzulassen. Richtig Zuhören ist eine aktive Tätigkeit. Und da gibt es wirklich viel zu tun. Wähle zum Üben einfache, unverfängliche Situationen: zum Beispiel bei einem Kaffeeplausch mit Freunden oder einem Gespräch beim Spazierengehen.

Versuche die folgenden fünf Punkte zu beachten. Um sie dir leicht zu merken, kannst du sie auf deinen 5 Fingern „abspeichern".

1. Daumen: Wende dich deinem Gesprächspartner mit voller Aufmerksamkeit zu. Halte viel Augenkontakt mit deinem Gesprächspartner.
2. Zeigefinger: Sei selber still. (Eselsbrücke – lege den Zeigefinger auf deinen Mund um dich daran zu erinnern, dass beim Zuhören zunächst einmal still sein angesagt ist – also Klappe zu!)
3. Mittelfinger: Das ist jetzt wichtig: durch das, was du hörst, werden in dir vermutlich gleich Reaktionen geweckt: Assoziationen, eigene Geschichten, Glaubenssätze, Moralvorstellungen u.v.m. – verweise sie alle zurück auf ihren „Platz" – jetzt bist nicht *du* dran, sondern die Person, der du zuhören willst.
4. Ringfinger: Versuche in eigenen Worten zu wiederholen, was du gehört hast. Versuche zu formulieren, wie du vermutest, dass sich die Person fühlt.
5. Kleiner Finger: Sei jetzt wieder still und höre wieder zu. (fange dann wieder beim Daumen an)

Beziehungs-Weise

Hast du jemals eine Schar von Staren beobachtet, hunderte oder manchmal sogar tausende, die in erstaunlichen, komplex anmutenden Mustern flogen? Ihre Fähigkeit, in ständig wechselnden Wellenbewegungen durch den Himmel zu tanzen, ist faszinierend. Sie folgen einem intrinsischen Rhythmus, der ihnen hilft, solch eine außergewöhnliche Koordinationsarbeit zu leisten.

Welche „Weise"[19] spielt in deiner Beziehung? Nach welchen Rhythmen und Melodien tanzt du in deiner Partnerschaft oder Familie? Spätestens in der Zeit der Quarantäne durch den Corona-Virus ist sicherlich vielen schmerzhaft bewusst geworden, dass das Miteinander im Alltag eine große Herausforderung sein kann. [20]

Wir haben nicht gelernt, miteinander in einen fließenden, harmonischen Rhythmus zu kommen. Wie denn auch? In unseren Kindergärten und Schulen lernten wir (und lernen wir noch immer), still zu sitzen, uns nach vorne zu orientieren, wo uns etwas präsentiert wird und das zu tun, was uns angeschafft wird (weil sonst!).

Wir lernten, unsere Impulse zu unterdrücken, uns nicht mehr zu bewegen und nicht mehr zu spüren, wo unser Körper uns hintragen wollte, nicht mehr die Nähe des besten Freundes zu suchen, den wir immer wieder gerne

---

[19] Das Wort „Weise" wird im Althochdeutsch auch für Melodie oder Lied verwendet.
[20] Was auch in dem deutlichen Anstieg häuslicher Gewalt zu sehen war.

spontan berühren oder umarmen wollten. Wir lernten, nicht mehr unseren Sinnen und Gefühlen zu vertrauen, denn „du brauchst jetzt nicht zu weinen", „das tut doch nicht weh", „das passt hier nicht", „wir haben das immer schon so gemacht", „nein, du kannst jetzt doch noch keinen Hunger haben" ...

Wir haben nicht gelernt, die Impulse unseres Körpers spüren zu dürfen und seine Sensibilität weiter zu entwickelt. Wir haben nicht gelernt, unseren eigenen, inneren Rhythmus zu fühlen, der uns Stabilität und Sicherheit verleiht, der uns zentriert und erdet, sodass wir in der Lage sind, uns leichter auf die Rhythmen unserer Umgebung einzulassen, uns auch manchmal an sie anzupassen oder mit ihnen zu spielen.

Wie gehen wir damit um, wenn andere sich nicht so verhalten, nicht in unserem Rhythmus mitschwingen, wie wir es uns wünschen? Wenn der Partner sich eine Jause richtet, obwohl in 15 Minuten das Essen fertig ist. Wenn die dreizehnjährige Tochter am Wochenende um 14:00 noch immer im Bett liegt. Wenn du die Nachbarn bittest, ob sie etwas leiser Fernsehen könnten, damit du dich bei deiner Arbeit im Homeoffice konzentrieren kannst und sie ja sagen, und sich trotzdem nichts ändert. Oder wenn du begeistert nachhause kommst, und du merkst, dass dein Partner zu müde ist, um dir jetzt zuzuhören. Wenn du Lust hast, etwas zu unternehmen, aber kein Familienmitglied „mitzieht".

Sicherlich kennst du aus deinem Alltag ähnliche und andere Geschichten, wo wir merken, dass wir gerade nicht im Gleichklang mit anderen sind.

Wieder geht es ums Spüren, ums Einfühlen: Wie viel Raum nehme ich, wie viel Raum gebe ich – ganz konkret physisch, aber auch emotional und kognitiv?

Wo kann ich mich zurücknehmen, wo kann ich mich einfügen? Wie kann ich meinen Rhythmus mit jenen meiner Kinder oder meines Partners in Einklang bringen?

Wie kann ich meinen eigenen Herzensliedern folgen und auch in andere Melodien und Rhythmen einstimmen, ohne mich zu verlieren und auch ohne dass eine völlige Kakophonie entsteht?

Dieses Problem lässt sich nicht im Kopf lösen. Es ist eine Fühl-Aufgabe. Wie du in dieses Fühlen hineinkommen kannst, habe ich dir in den vorherigen Kapiteln anhand von konkreten Beispielen aufgezeigt.

„Von nix komm nix, aber vom Tun kommt alles!"

- Vera F Birkenbihl [21]

Erst wenn du in dein eigenes Tun kommst, wirst du die positiven Veränderungen erleben können, die das Einstimmen auf deine eigenen Rhythmen und die deiner Liebsten mit sich bringen wird.

---

[21] Birkenbihl. Stroh im Kopf. S 23

Diastole

Die Diastole bezeichnet die Phase, wenn dein Herz erschlafft
und sich mit Blut füllt. Es ist die Phase der Entspannung,
des Loslassens, des sich Öffnens und der Hingabe
um dann mit neuem Lebenssaft,
mit neuer Lebenskraft
gefüllt zu werden,
bevor
du dich erneut einer energievollen Systole hingeben kannst.

ausatmen

entspannen

loslassen

dich ganz dem Sein hingeben

im Hier und Jetzt sein

regenerieren

die Seele baumeln lassen

Kraft tanken

Inspiration erhalten

Alleine sein

Ich bin überzeugt: wir alle brauchen immer wieder Momente des Allein-Seins und des Rückzugs, um in unserer Balance zu bleiben. Manchmal nehmen wir uns diese Zeit nicht, weil wir die Einsamkeit fürchten, die dabei zu spüren sein kann, vor allem wenn wir es nicht gewohnt sind, nur uns selbst Gesellschaft zu leisten.

Dabei ist es gerade die Einsamkeit, die dich zum Erleben des All-eins-seins führen kann. Lässt du dich ganz auf dieses Gefühl ein, das du zunächst vermutlich als unangenehm empfindest und lässt du zu, es in seiner ganzen Macht zu fühlen, wirst du bemerken, dass es sich wandeln darf. Das unangenehme Gefühl kann dann einem wohligen Gefühl des Eins-seins mit Allem-was-ist weichen.

Einsamkeit und Alleine-sein sind im Grund zwei völlig verschiede „Zustände." Der Unterschied liegt vor allem darin, wie du eine Lage beurteilst. In der Einsamkeit bist du im Gefühl des Mangels. Du bist nicht bei dir, sondern gedanklich bei dem Anderen, der dir fehlt. Dein Glück ist dann davon abhängig, ob sich dieser Andere dir zuwendet oder nicht.

Einsamkeit impliziert, dass wir jemanden brauchen, dass wir unser Glück davon abhängig machen, ob jemand anderer für mich da ist.

Du hast jedoch alles, was du brauchst, in dir selbst. Die Zeiten des Allein-seins können dir helfen, dich mit deinen ureigenen Bedürfnissen zu verbinden und genauer zu spüren, was dir wichtig ist und wonach du dich weiterhin ausrichten möchtest.

Allein-sein kann total erfüllend sein. Du bist dir dann selbst genug und brauchst keine andere Person, um Glück zu erfahren.

„Alleine sein zu müssen ist das Schwerste,
alleine sein zu können ist das Schönste."

- Hans Krailsheimer [22]

---

[22] Krailsheimer. Kein Ausweg ist auch einer. S 7

Stille

Wenn wir lernen, regelmäßig in die Stille zu gehen, profitieren wir in vielfacher Hinsicht. Unser Wohlbefinden steigt, wir sind aufnahmefähiger und konzentrierter. Wir werden offener dafür, die leisen und weisen Impulse, die aus unserem Inneren kommen, wahrzunehmen. Wir fühlen uns weniger gestresst und können uns so für ganz neue Aktivitäten öffnen. Unser Leben wird lebendiger, reichhaltiger, kreativer und viel (viel!) entspannter.

Es ist die Stille, die dich in die Weisheit führen kann. Es ist die Stille, die es dir ermöglicht, eine neue Inspiration aufkeimen zu lassen, die sich durch dich manifestieren will.

In unserer modernen Welt ist es eine Seltenheit geworden, Orte der Stille zu finden. Man spricht von Lärmverschmutzung. Wir brauchen jedoch die Stille im Außen, jene wertvollen Momente der akustischen Ruhe, damit wir zur Stille im Innen gelangen können.

So kann es für dich wichtig werden, dir wieder einen Ort der Stille zu gestalten. Den Fernseher und den Radio auszudrehen, das Handy abzuschalten und am besten ein Stückchen Natur zu finden, das abseits von Stadt- und Straßenlärm eine Oase der „Naturstille" bietet.

Du wirst recht schnell feststellen, dass die Natur ganz und gar nicht still ist - trotzdem sind diese Naturgeräusche für unser Ohr wohltuend und können uns in unsere innere Stille begleiten. Nicht umsonst wird das Plätschern eines Baches, der Gesang von Vögel oder das Rauschen des Meeres auf CDs aufgenommen und als Entspannungsmusik angeboten.

Der Klangökologe Gordon Hempton beschreibt die Erde als eine „solarbetriebene Jukebox" [23]. Als „Sound Tracker" hat es sich in den letzten drei Jahrzehnten zur Aufgabe gemacht, Naturgeräusche auf der Erde aufzunehmen, stets auf der Suche nach Orten, die keine künstliche Geräuschkulisse haben, was sich für ihn mehr und mehr als Herausforderung gestaltet.

Die Qualität der Stille lässt sich nicht nur im Hören erfahren. Auch in deinem eigenen Ausdruck, deinem Sprechen oder eben deinem Schweigen kannst du Stille erfahren.

„Und wenn du nicht mehr in der Einsamkeit
deines Herzens wohnen kannst, lebst du in deinen Lippen,
und der Klang ist eine Ablenkung und ein Zeitvertreib."

- Khalil Gibral [24]

Vielleicht findest du dich in diesem Zitat wieder? Vielleicht braucht dein Leben auch mal Momente des Schweigens, des Nichtsprechens, des einfachen Zuhörens oder des Miteinander-seins ohne Sprache?

---

[23] Hempton. www.soundtracker.com/
[24] Gibral. Der Prophet. S 33

Dunkelheit

Viele fürchten sich vor der Dunkelheit. Die Vorstellung, nicht zu sehen, was um uns geschieht, erscheint uns erschreckend. Wenn du deinen Sehsinn nicht mehr nützen kannst, geschieht jedoch Erstaunliches - deine anderen Sinne beginnen, feinfühliger und sensibler zu werden.

Plötzlich nimmst du Gerüche wahr, die dir zuvor nicht aufgefallen sind. Du fühlst die Beschaffenheit und Temperatur der Materialien, die dich umgeben besser, und du bemerkst Geräusche, die du vorher gar nicht wahrgenommen hast. Deine gesamte Körperwahrnehmung wird feiner.

Die Dunkelheit nimmt dir eine wichtige äußere Struktur, das Sehen, weg. So kann deine innere Struktur mehr zum Vorschein kommen, denn dein Blick geht dann auf ganz natürliche Weise nach Innen. Das Eintauchen in völlige Finsternis löst auch deine Zeitstruktur auf. Du wirst langsamer und schwingst dich wieder leichter auf deinen eigenen, ursprünglichen Rhythmus ein.

Ich las das erste Mal über Dunkelretreats, auch Dunkelyoga genannt, in einer Zeitschrift, und meine erste Reaktion war: *„Wer ist denn so verrückt, so etwas zu tun?"* Doch die Idee, sich mehrere Tage in völlige Finsternis zurück zu ziehen war für mich gleichermaßen faszinierend wie beängstigend.

Nur zwei Monate später saß ich selbst in der Finsternis, von der ich dachte, ich würde sie fürchten, und lernte im Laufe von fünf spannenden Tagen (ein

Zeitraum für Anfänger) die wohltuende, heilende Wirkung der Dunkelheit kennen.

Ich möchte dich ermutigen, diese besondere Kraft zu entdecken. Es gibt viele Möglichkeiten, wie du dich mit der Energie der Dunkelheit verbinden kannst. Einige Zeit in einem völlig abgedunkelten Raum zu verbringen, ist eine sehr effektive Methode.

Jeder, der jedoch schon einmal versucht hat, einen Raum in totale Finsternis zu tauchen, also komplett abzudunkeln, merkt schnell, dass dies sehr aufwendig ist. Selbst der winzigste Spalt kann so viel Licht hereinlassen, dass es im Raum nicht völlig Dunkel werden kann.

Einfach ist es, durch das Tragen einer speziellen Dunkelmaske, Dunkelheit zu erleben. Diese Augenmasken sind so konzipiert, dass sie wirklich völlig abdunkeln und man dabei mit geöffneten Augen in die Dunkelheit blicken kann. Wenn du eine solche Maske für ein bis zwei Stunden trägst, wirst du bemerken, dass sehr schnell eine tiefe Entspannung einsetzt.

Sofern du auch mögliche Geräuschquellen ausgeschaltet hast, wirst du feststellen, dass sich die optische und akustische Ruhe positiv auf deinen emotionalen Zustand auswirkt. Du wirst dich sehr schnell erholt und aufgeladen fühlen.

Eine weitere Möglichkeit in die Dunkelheit einzutauchen ist es, eine Nacht-wanderung (oder einen frühen Morgenspaziergang) in der Natur zu machen.

Geeignet ist hier besonders die Zeit um den Neumond. Beim Gehen mit eingeschränkter Sicht werden deine unterschiedlichen Sinne aktiviert.

Du erlebst nicht nur die Natur um dich anders, sondern auch dich selbst. In dem du deinen Weg ohne Licht findest, entsteht eine mutige Kraft in dir, die dir für herausfordernde Situationen in deinem Alltag zur Verfügung steht.

Das Tao sagt:

> *„Wenn du in die Dunkelheit gehst und sie wird vollkommen,*
> *verwandelt sich die Dunkelheit schon bald in Licht."*

- Mantak Chia [25]

---

[25] Chia, Mantak. Dunkelraum. S 7

Nichts tun

Wir sind es so gewöhnt, unsere Zeit mit „Tun & Aktion" zu füllen, dass wir kaum mehr in die Phase des Leerlaufs kommen. Zu schnell ist der Griff zum Handy oder anderen Medien, mit denen wir uns diese „Leerzeit" füllen.

Doch erst das Nichtstun - die Leere und die gleichzeitige Offenheit - macht unseren Geist und unsere Seele bereit für Neues. Im leeren Raum kann Neues entstehen und wachsen. Dann wird die Leerzeit zur Lehrzeit.

Wenn du all deine „Zeiträume" mit scheinbarer Getriebigkeit oder sinnentleerter Tätigkeit auffüllst, bleibt kein Raum mehr für Neues und Lebendiges, das in dir wachsen und entstehen darf.

Nichts zu tun, kann für viele eine enorme Herausforderung sein. Keine Ablenkungen, keine Inputs von außen, nur das *Sein* mit sich selbst, kann sich sehr unangenehm anfühlen. Erst wenn wir uns dieser unangenehmen Situation hingeben, können wir erfahren, welche wohltuende und inspirierende Dynamik sich aus dem Nichts entwickeln kann.

Viele bekannte Künstler, Wissenschaftler, Dichter und Denker wussten (und wissen noch immer) die Zeit des Müßiggangs als wertvolle Schaffenspause aktiv in ihren Tag einzubauen. Zahllose Anekdoten erzählen von den großartigen Einfällen, die ihnen beim scheinbaren Nichtstun wie aus heiterem Himmel zufielen.

„Im Nichts-tun bleibt nichts ungetan."

- Laotse

So wie ich es verstehe, spricht Laotse hier über das daoistische Wuwei-Prinzip: das Prinzip des Nicht-handelns, das nicht bedeutet, dass man gar nichts tut, sondern dass das Tun im Einklang mit dem Dao, dem großen Ganzen, ganz spontan geschehen darf.

Es ist das Tun zur richtigen Zeit, aus dem Zustand der inneren Stille heraus, das die richtige Handlung ohne Mühe und Anstrengung hervorbringt.

Eine grundlegende Frage beantworten

„Ist das Universum ein freundlicher Ort?"

Laut Einstein ist dies die erste und grundlegendste Frage, die wir für und selbst beantworten müssen.

Was ist deine Antwort darauf?

Sie ist über alles entscheidend. Denn so, wie du die Welt siehst, so wirst du dich ihr gegenüber verhalten. So, wie du die Welt wahrnimmst und interpretierst, so wirst du deine Entscheidungen treffen und Handlungen setzen. So, wie du in der Welt lebst, wird sich dein Körper und somit auch dein Gehirn entwickeln.

Es ist DEINE Entscheidung. DU hast die Wahl, für welches Universum du dich entscheiden willst, auch wenn es für dich im Moment vielleicht nicht so aussehen mag. Ich bin überzeugt – heute mehr denn je: Wir haben die Wahl.

Ich habe mich entschieden. Ich erlebe „meine Welt" als eine freundliche, liebevolle, fürsorgliche Realität. Habe ich deswegen keine Probleme? Nein, auch ich habe Herausforderungen zu meistern. Doch ich meistere sie nicht alleine – ich habe den ganzen Kosmos auf meiner Seite, der mich unterstützt.

Schwierige Herausforderungen sehe ich als Möglichkeiten der Entwicklung – ich darf lernen: Loslassen, was gehen darf; Annehmen, was in mein Leben kommen mag.

Das ist nicht immer einfach. Loslassen ist eigentlich eine immer wiederkehrende Herausforderung. Das Erlernen dieser Fähigkeit wird deinem Alltag so viel mehr Freude und Inhalt verleihen.

Ich durfte viele Dinge loslassen, von denen ich dachte, dass ich sie brauchen würde. Als ich beispielsweise letztes Jahr meinen Job kündigte, musste ich meine eigene Angst (meine finanzielle Sicherheit aufgeben), die Angst der anderen (Was wirst du tun? Was ist mit deiner Zukunft? Was ist mit deiner Pension?) und meine Konzepte und Glaubenssätze darüber, wie man sein Leben "zu leben hat" (einen sicheren Job haben, hart arbeiten etc.) loslassen.

Es lohnt sich, all die Angst und Furcht durchzustehen, denn die Geschenke des Loslassens sind Frieden und Freiheit, und das Erkennen der Schönheit in allem.

Und dann kann es dir mehr und mehr gelingen, Schönheit in unvermuteten Situationen zu entdecken: in der „lästigen" Arbeitskollegin, die mich Geduld lehrt, in dem „aggressiven" Kind, das mich lehrt, auch dann zu lieben, wenn es schwierig ist, in den Rückenschmerzen, die mir aufzeigen, dass ich mich besser um mich selbst kümmern darf.

Im Loslassen leerst du deine Hände und öffnest dein Herz. Der Kosmos wird dich niemals mit leeren Händen gehen lassen - er wird sie mit Geschenken füllen, die du dir im Traum nicht vorstellen kannst.

Als ich meinen Job kündigte, ging ich davon aus, dass ich einen ähnlichen finden würde, wo ich auch mit Kindern arbeiten würde, vielleicht in einem Kindergarten o.ä.

Wie klein hatte ich gedacht! Das Universum hatte so viel mehr für mich auf Lager. Es half mir zu verstehen, dass es wichtig ist, die Lieder meines eigenen Herzens zu hören. Darauf zu hören, was mein Herz begehrt.

Mir wurde eine Schatztruhe geschenkt. Ich konnte zum ersten Mal sehen, wie viele Fähigkeiten ich in den letzten zwanzig Jahren gesammelt hatte. Wahre Juwelen, die mir jetzt helfen, in die Selbständigkeit zu gehen.

Wirklich daran zu glauben, dass „meine Welt" ein liebevoller Ort ist, hat mich sehr verändert. Ich fühle mich sicher. Ich fühle Vertrauen. Ich fühle mich geliebt und umsorgt.

Was brauche ich mehr?

Schönheit genießen

„Verliere niemals die Gelegenheit, etwas Schönes zu sehen,
Denn Schönheit ist Gottes Handschrift. "
- Ralph Waldo Emerson

Ich sitze hier an meinem Schreibtisch und egal, wo ich hinschaue, bin ich von Schönheit umgeben: Das wundervolle Foto meines geliebten Mannes, der kleine, blau-lila Stein, der mich an eine besondere Begegnung mit Mutter Maria erinnern, kleine Objekte der Handwerkskunst, die mich an unsere Reisen in ferne Länder erinnern, ein silbernes Tablett mit Halbedelsteinen, die indianische Flöte, die ich mir selbst gemacht habe, Bücher (geliebte Bücher), die schöne Birke vor dem Fenster, deren Zweige sanft im Wind schwanken.

Ich kultiviere meinen Sinn für Schönheit. Ich versuche, sie überall zu entdecken.

Schönheit zu fühlen ist ein wichtiges menschliches Erleben. Wie sie sich definiert, ist sehr individuell und im kollektiven Verständnis immer wieder mal unterschiedlich. Dennoch gibt es Prinzipien, die als *„schön"* beschrieben und erkannt werden, die sich über die Jahrhunderte nicht verändert haben: Der goldene Schnitt, die Symmetrie und fraktale Muster. Diese Muster und Formen können mathematisch beschrieben und dargestellt werden.

Man vermutet, dass unser Sinn für Schönheit sich aus unserer für das Überleben notwendigen Fähigkeit der Mustererkennung entwickelt hat. Das Belohnungssystem in unserem Gehirn springt an, wenn wir etwas Schönes sehen. Wir fühlen uns glücklich und zufrieden, wenn wir Schönheit erleben.

In der Welt, die wir erschaffen haben, in der hektischen Art und Weise, wie wir unseren Alltag leben, bzw. „überleben" (nicht gedeihen!), fehlt uns oft die Fähigkeit, die Schönheit zu sehen oder zu erkennen, die uns umgibt.

„Schönheit" beschreibt eine Beziehung, die mit Zahlen angegeben werden kann. Sie erscheint als Form oder Dynamik in der Natur und kann direkt in Proportionsregeln „übersetzt" und im kreativen Gestalten verwendet werden.

Wie gestaltet sich deine Beziehung zu Schönheit?

Es sind die Natur, die überall in Fauna und Flora fraktale und symmetrische Muster zeigt, und die Musen der Kunst und der Kreativität, die diese Muster aufgreifen und in Musik, Farbe und Form darstellen, denen es immer wieder gelingt, unser Herz und unsere Augen für Schönheit zu öffnen.

Und an diesem Punkt kommen wir wieder zurück zu den Kapiteln des Abschnitts Systole – zum Herzen - das sich öffnen darf, um die Schönheit der Natur zu empfangen. Und wir kommen zurück zu unserem eigenen Ausdruck, in dem wir durch Musik und Tanz, durch Schreiben oder Zeichnen durch Form, Farbe und Bewegung unsere ureigene Beziehung zu den Rhythmen und Melodien des Kosmos ausdrücken und feiern können.

Zyklus

Als Zyklus wird ein Vorgang bezeichnet,
der sich in einem Kreislauf wiederholt.

Als ich begann, mich mit dem Grundthema dieses Buches zu beschäftigen, war ich erstaunt, die unglaubliche Vielzahl an natürlichen Rhythmen zu entdecken, die ineinandergreifen und uns im Laufe unseres Lebens begleiten. Eine Möglichkeit, Struktur in diese Vielfalt zu bringen, ist es, diese Rhythmen nach ihrer Periodendauer zu ordnen. Ich fand drei Kategorien:

Ultradiane Rhythmen - diese bezeichnen Ereignisse, die mehrmals täglich oder ständig wiederkehren. Wie zum Beispiel dein Atemrhythmus oder dein Herzschlag. Auch die wiederkehrenden Essens- und Schlafzeiten.

Zirkadiane Rhythmen - das sind Rhythmen, die ungefähr einen Tag dauern. Wie zum Beispiel unser Schlaf- und Wachrhythmus, oder Ebbe und Flut.

Infradiane Rhythmen - das sind solche, die länger als 24 Stunden dauern. Beispielsweise die Monate, Jahreszeiten und Jahre.

Leider ist unsere „soziale Uhr" meist nicht mehr im Einklang mit unserer inneren, biologischen Uhr, und unsere heutige Lebensweise weicht oft stark von natürlichen Taktgebern ab. Die Rhythmen von Hell und Dunkel, Laut und Leise, Aktivität und Ruhe durch Tag und Nacht sind nicht mehr so pulsgebend wie einst. Selbst unsere Ernährung weicht stark von dem ursprünglichen Nahrungsrhythmus ab, weil Obst und Gemüse in Vielfalt und Fülle zu jeder Jahreszeit verfügbar sind.

Wir orientieren uns nicht mehr an natürlichen Rhythmen, die zirkulär sind, sondern leben in einem linearen Zeitsystem. D.h. wir nehmen die

Vergangenheit als etwas wahr, das hinter uns liegt und die Zukunft als etwas, das vor uns liegt. Die Wahrnehmung, dass wir in zirkulären Rhythmen eingebunden sind, und die Fähigkeit, uns Zeitstruktur als Spirale statt als Linie vorzustellen, ist für uns sehr ungewöhnlich. Zahlreiche Feste, die in unserem Kulturkreis früher den Jahreskreis strukturiert haben (Samhain, Imolc, Beltane, ...), sind verloren gegangen. Sie sind wenigen, inhaltsleeren, kommerziellen Events gewichen.

Dein Körper zeigt dir diese Störung seiner Verbindung zu den natürlichen Rhythmen durch verschiedenste Erkrankungen, zum Beispiel durch Kreislaufstörungen, Schlafprobleme, Stoffwechselstörungen u.ä.

Der Weg zurück zu einem natürlichen Lebensrhythmus ist nicht einfach. Unser soziales und kulturelles Umfeld ist (noch) nicht dafür ausgelegt. Doch immer mehr Menschen erkennen die Wichtigkeit, sich zu „entschleunigen", sich für sich selbst Zeit zu nehmen, Prioritäten neu zu setzen und sich mehr an der Natur und ihren Vorgängen zu orientieren.

Erst wenn du deinen hochaktiven 24/7-Lebensstil auf einen balancierten Lebensstil umstellst, wirst du feststellen, wie sehr sich deine Lebensqualität zum Positiven verändert und wie viel vom „echten Leben" du bisher nicht wahrgenommen hast.

Die zyklische weibliche Natur

Dieser Abschnitt richtet sich in seiner Sprache direkt an Frauen. Er wird jedoch für jedermann „erleuchtend" sein und hoffentlich einen neuen Blickwinkel auf das Phänomen des weiblichen Zyklus bringen.

Ist-Stand: Tabu.
Wir Frauen haben „Erdbeerwoche" oder „Los Wochos", wir „surfen die rote Welle" oder „die Tante Rosarot" ist da, wir haben „den Maler im Keller" oder „Besuch vom roten Baron": Wir haben zahlreiche Umschreibungen gefunden um auszudrücken, dass wir menstruieren.

Unsere monatliche Blutung ist immer noch ein Tabuthema. Rupi Kaur, eine amerikanische Autorin und Künstlerin schreibt im Text zu ihrer Fotoserie *period.* darüber, dass unsere Gesellschaft sich anscheinend leichter tut mit Gewalt und Erniedrigung von Frauen durch Sexualisierung und Pornofizierung, als mit der Tatsache und den damit verbundene Umständen ihrer Menstruation. [26]

Als eine Studierende 2018 eine Abschlussarbeit zum Thema Menstruation schreiben wollte, wurde ihr von der Hochschule abgeraten *„über solch abstruse Widerlichkeiten wie die Periode zu schreiben"*.[27]

Wir wollen saubere, keim- und haarfreie, optimal geformte, „perfekte" Körper. Und wir wollen unseren Körper kontrollieren, in der vermeintlichen

---

[26] vgl. Kaur. www.rupikaur.com/period/
[27] www.zeit.de/campus/2018-09/menstruation-tabuisierung-universitaet-bachelorarbeit-bildung/

Hoffnung, so unsere volle Freiheit erleben zu können. In unserer scheinbaren Aufgeklärtheit wollen wir selbst über unseren Körper bestimmen und ihn so optimieren, dass er „entspricht".

Wo siehst du dich selbst in diesem Feld des Körperkults und der Körper-optimierung?

Als ich ein junges Mädchen war, und meine Achsel- und Schamhaare zu sprießen begannen, fühlte ich mich wunderbar. Ich verstand diese äußeren Veränderungen als erste Anzeichen, dass ich nun bald zur Frau werden würde. Doch schon bald fielen die Haare an den Beinen und im Achselbereich der Zensur zum Opfer: „Du bist doch viel schöner, wenn du glatt rasiert bist", wurde mir von Freundinnen und dem allgemeinen Zeitgeist vermittelt.

Wie viele andere junge Frauen griff auch ich schnell zum bequemen Tampon, das mir Freiheit und Sauberkeit versprach, und wären die Regelschmerzen nicht gewesen, hätte mich meine Menstruation in nur sehr geringer Weise „eingeschränkt". Doch ich plagte mich über viele Jahre mit zum Teil heftigen Schmerzen und nahm allmonatlich starke Schmerzmittel ein, um die Zeit zu überstehen. Ich musste doch funktionieren.

Erst als ich älter wurde und mich nach Alternativen zu Medikamenten umsah, entdeckte ich, dass ich einen anderen Umgang mit meiner Menstruation finden könnte. Ich erlaubte mir, in der Zeit meiner Blutung etwas zurück zuschrauben, mir mehr Zeit für mich zu nehmen, und fand Tees und Körper-Übungen, die mir halfen, die Schmerzen zu lindern. So empfand ich die Regel als eine Möglichkeit der Auszeit, und nahm mir bewusst „Zeit-für-mich".

Als ich an diesem Kapitel schrieb, startete ich ein kleines Experiment und fragte zahlreiche Frauen in unterschiedlichstem Alter nach den ersten Gedanken, die ihnen in den Sinn kamen, wenn sie das Wort „Menstruation" hören. Hier ist eine Übersicht der Wörter, die am häufigsten in ihren Antworten vorkamen.

Blut, Schmerzen, Schwangerschaft, Ekel, Scham, OB, Binde
lästig, nervig, schmutzig, peinlich, verzichtbar
nicht wissen, allein, ausgeliefert

Du siehst also, dass das Thema Menstruation leider immer noch sehr negativ besetzt ist. Das braucht nicht so bleiben. Es gibt Möglichkeiten, eine völlig neue Sichtweise auf dieses zyklische Phänomen des Frau-seins zu gewinnen.

„Ich blute jeden Monat, um die Menschheit möglich zu machen.
Mein Leib ist die Heimat des Göttlichen.
Eine Quelle des Lebens für unsere Spezies."

- Rupi Kaur [28]

Dein menstrueller Zyklus kann zwischen 21 und 35 Tagen variieren - das sind im Durchschnitt 28 Tage. Dabei wird dein Zyklus von deiner physischen und psychischen Natur, als auch von deinem Umfeld und sozialen Bedingungen beeinflusst.

Unsere 24/7-Hightech-Lebensstil sorgt dafür, dass wir ständig in „Alarm-bereitschaft" sind und mit Adrenalin und Cortisol überschwemmt werden.

---

[28] Kaur. www.rupikaur.com/period/

Das bringt unsere hormonelle Balance völlig aus dem Gleichgewicht. Der Zyklus ist ein System, das auf Stress reagiert. Er gibt dir Feedback, wie es dir emotional und körperlich geht. Dein Zyklus kann als eine direkte Kommunikationsleitung zu deinem Körper verstanden werden. Er ermöglicht es dir, dich als Frau bewusst in all deinen Facetten zu erleben, die durchaus sehr unterschiedlich und konträr sein können.

Das bewusste Erleben und die Arbeit mit deinem Zyklus kann dir den Weg zu neuer Selbsterkenntnis eröffnen. Du kannst dich als Teil eines größeren Rhythmus begreifen und dich der kosmisch-spirituellen Größe des Lebens nähern. Du kannst lernen, deine Bedürfnisse besser wahrzunehmen und dich selbst besser kennenzulernen. Du kannst lernen, deinen Körper intensiver zu fühlen und ihn anzunehmen, wie er ist.

Es ist sehr interessant sich anzusehen, wie unterschiedlich der menstruelle Zyklus im Laufe der Geschichte betrachtet wurde. Im Folgenden beschreibe ich in einem groben Umriss den Lauf der Menstruationsgeschichte in unserem Kulturkreis. Es soll dir helfen, den großen Zusammenhang zu verstehen.

„Vor vielen tausend Jahren wussten die Menschen über die Kraft des Körpers Bescheid und über das darin enthaltene Juwel - den Mutterleib."[29], sagen Azra und Seren Bertrand in ihrem Buch „Womb Awakening". Zu dieser Zeit wurde die Menstruation als ein heiliger Prozess angesehen, der Frauen besondere Kräfte verlieh. Die Frau selbst wurde heilig gefeiert, denn ihre Vulva, ihr Mutterleib und ihre Brust trugen die Kraft in sich, Leben zu schaffen und zu nähren. Doch diese Sicht auf die Frau änderte sich.

---

[29] Bertrand. Womb Awakening. S 22

In der Antike betrachtete man die Frau als Wesen, das von Natur aus krank war oder meinte, dass sie auf Grund ihres, im Vergleich zum Mann, weniger aktiven Lebens, einen Überschuss an Säften in sich trug. Die monatliche Blutung wurde als Ausgleich gesehen, damit die Frau gesund sein konnte.

Im Mittelalter folgten viele Jahrhunderte, in denen die Monatsblutung der Frau als etwas Ekeliges, Schmutziges oder Gefährliches angesehen wurde. Man glaubte sogar, dass das Blut giftig ist. Die Kirche tat das ihrige dazu, dass Menstruation und Sexualität als etwas Unreines und Sündhaftes betrachtet wurde. Selbst in der Neuzeit glaubte Paracelsus noch, dass es nichts giftigeres gäbe, als das „Menstruum" [30]. Dieser Glaube wurde erst 1958 durch den Arzt Karl Johann Burger endgültig aus der Welt geschafft. [31]

Während der Romantik kam man von der Idee der Giftigkeit ab und hielt die Menstruation „nur mehr" für einen Zivilisationsschaden. Später ging man wieder auf den Krankheitsaspekt zurück.

Ende der 60er Jahre begann sich eine Frauengesundheitsbewegung zu entwickeln und Menstruation in einem positiven, ganzheitlichen Zusammenhang zu sehen. Hier wurde ein wissenschaftlicher, biologischer Blick auf die Phänomene der Periode gelegt.

Zu verschiedenen Zeiten in der Geschichte und in unterschiedlichen Kulturen wurde der Menstruation eine mystische Bedeutung gegeben. Diese waren vielfach negativ besetzt. So wurden menstruierende Frauen für vieles verantwortlich gemacht: Krankheiten, schlechte Ernte, Rosten von Eisen,

---

[30] Schaller. Paracelsus und Frauenheilkunde. S 254
[31] https://de.wikipedia.org/wiki/Kulturgeschichte_der_Menstruation

Faulen von Obst, bis hin zum Tod von Tier und Mensch. Der regelmäßige Blutverlust schien eine Verkörperlichung von vielen sozialen Ängsten zu repräsentieren. [32]

Heute erleben viele diesen zyklischen Teil des Frau-seins als lästig, unbequem und schmutzig, und so manche nehmen Medikamente, um überhaupt nicht mehr zu menstruieren. Unsere moderne, patriarchale Gesellschaft bietet keinen Raum für die Entfaltung der „wahren" weiblichen Energien.

Wie wir uns als Frau wahrnehmen und uns in der Welt bewegen, hängt immer auch von dem sozialen und gesellschaftlichen Umfeld ab, in dem wir leben. Es gibt Kulturen, in denen das Thema Menstruation so stark tabuisiert ist, dass die Frauen und Mädchen sich schamvoll abwenden oder ins Stottern kommen, wenn sie darüber sprechen sollen. Dies wird in dem Dokumentationsfilm „*Period. End of the Sentence*", der die Situation in Indien beleuchtet, sehr berührend deutlich.

Da wir Frauen nicht mehr im Einklang mit den Rhythmen unserer zyklischen Natur leben, sind wir nicht mit dem Wissen verbunden, das uns diese inneren „Gezeiten" für unser Wohl und für unsere persönliche Entwicklung und Entfaltung bereithalten.

Doch wir können das verändern. Wir können uns in unserer Weiblichkeit neu entdecken und orientieren, wenn wir wieder lernen, die Kraft unseres Zyklus, der uns in seinem steten Fluss mit den Rhythmen und Kräften der Natur

---

[32] Gómes-Sánchez. Menstruation in History. S 372

verbindet, zu erforschen und zu nützen. Es gibt immer mehr und mehr Frauen, die sich nun weltweit zusammen-schließen, um einen neuen Weg mit ihrem Zyklus zu gehen.

Ursprünglich war der Menstruationszyklus stark mit dem Mondzyklus verbunden. Frauen menstruierten vielfach gleichzeitig zur Zeit des Vollmonds. Man vermutet, dass die ersten Kalender daher stammen, dass Frauen ihre Zyklen dokumentierten und auch den Zusammenhang mit den Mondrhythmen erkannten. Erst als die Menschen häuslich wurden und nicht mehr so stark durch das natürliche Mondlicht beeinflusst waren, begann sich dies zu ändern.

Ich möchte dich ermutigen, deinen Zyklus genauer zu beobachten. Es gibt mittlerweile viele Bücher, die Frauen mit praktischen Tipps unterstützen, den eigenen Zyklus genauer zu erforschen und sich dabei als Frau völlig neu zu entdecken.

Erst wenn du selbst beginnst, deinen menstruellen Zyklus mit den Phasen des Mondes zu vergleichen und über einen längeren Zeitraum zu dokumentieren, wirst du Muster entdecken können. Mit deiner persönlichen Mondchronik hast du dann ein Werkzeug in der Hand, das dir dient und dich darin unterstütz, dein Leben mit mehr Leichtigkeit und Erfolg zu führen.

Vielleicht ist es uns so möglich, den großen Kreislauf zu schließen, der vor tausenden Jahren damit begann, dass unsere Vorfahren die zyklische Natur von Frauen zu schätzen wussten und ihnen Raum einräumten, dieses körperliche Phänomen zu pflegen, und das Wissen, das aus der Verbindung mit den natürlichen Rhythmen entsteht, zum Wohl aller zu nützen. Inzwischen mögen wir viele Irrwege erlebt haben. Vielleicht ist jetzt die richtige Zeit, uns neuer Wege zu besinnen und einen neuen, lebensbejahenden Kreislauf zu beginnen.

„Wenn wir Frauen zu einem Bewusstsein darüber gelangen,
dass wir während unseres menstruell aktiven Lebens zyklische Wesen sind,
begreifen wir uns allmählich auch als Teil der größeren Rhythmen des
Universums, akzeptieren unser wahres Wesen besser
und finden zu mehr Harmonie in unserem Leben."

- Miranda Gray [33]

---

[33] Gray. Roter Mond. S 20

Ein neuer Anfang

„Das ganze Leben ist ein ewiges Wiederanfangen."

- Hugo von Hofmannsthal

Während meiner Arbeit zu diesem Buch lernte ich viel über die Welt, vor allem aber über mich selbst. Auch wenn wir manchmal denken, dass sich das Universum geirrt haben muss, bin ich jetzt mehr denn je überzeugt: wir sind immer zum richtigen Zeitpunkt am richtigen Ort.

Es gibt einen feinen roten Faden, der sich - für ungeübte Augen unsichtbar - durch unsere Lebenszeit webt. Wir ziehen damit Ereignisse in unser Leben, die uns helfen, aufzuwachen und zu erkennen, wer wir wirklich sind. Dann dürfen wir uns recken und strecken, und weit über uns hinaus wachsen.

Im Schreibprozess zu meinem Buch erlebte ich immer wieder ein spannendes Phänomen. Meine Beobachtung erinnerte mich an ein Foto, das ich einmal gesehen habe: Es war eine Kirlianfotografie[34], die das Energiefeld einer Zimmerpflanze zeigte. An der Spitze der Pflanze war eine Ausbuchtung im Energiefeld in der Form eines Blattes zu sehen, obwohl dort noch keines gewachsen war. Ein neues Blatt konnte also in das bereits vorhandene Energiefeld hinein wachsen.

So ähnlich kommt es mir vor, wenn ich an meinen Texten schreibe. Im Prozess des Schreibens formen sich Visionen und Bilder, in denen ich selber erst einige Tage oder Wochen später hinein wachse.

Es ist nun ein gutes halbes Jahr her, dass ich dieses Buch begonnen habe. Ich blicke zurück auf unglaubliche Monate, die mich gewandelt haben. Ich bin nicht mehr dieselbe, die sich an einem nebeligen Tag im Oktober 2019 an den Computer gesetzt hat, um dem Gefühl der Aufgewühltheit, das damals in mir war, Raum zu geben und Ausdruck zu verleihen.

---

[34] Eine spezielle Fototechnik, die elektrische Entladungen in die Luft visualisiert.

Ich habe mich verändert. Ich trage das Gefühl tiefer Verbundenheit in mir. Ich fühle mich sicher und getragen.

Geborgen.

Geliebt.

All das, weil ich den Mut hatte, meinem Herzen zu folgen. Weil ich den Mut hatte, die vermeintliche Sicherheit aufzugeben und mich auf einen neuen Weg zu machen. Weil ich den Mut hatte, dem Ruf der Natur zu folgen und mich einzulassen auf ihre Rhythmen und ihre Melodien. Weil ich den Mut hatte, ihren Liedern zu lauschen, und auf die Impulse meines Herzens zu hören und ihnen zu folgen.

In den folgenden Kapiteln erzähle ich dir von meinem neuen Zeiterleben und von den Konsequenzen meines Einlassens auf neue „alte" Rhythmen des Lebens.

Impulsen folgen

Der erste Schritt in einen neuen Lernzyklus ist immer der Impuls. Es ist ein Funke, der irgendwo tief in deinen Gedanken aufleuchtet und die Neugier lockt, ein Licht, das dir einen neuen Weg leuchtet, den du zuvor noch nie gegangen bist.

Wenn wir gut mit uns selbst verbunden sind, erkennen wir diese leuchtenden Hinweise, die uns den Weg unserer Seele zeigen wollen. Leider haben viele von uns verlernt, auf diese Impulse zu hören. Unser innerer Beurteiler (Richter/ Inquisitor), der durch Erziehung, Schule, Kultur, Gesellschaft und vor allem Wirtschaft gut darauf trainiert ist uns zu sagen, was gut und schlecht, was richtig und falsch, was erwünscht und nicht erwünscht ist, springt sofort an. Und dann redet er auf uns ein und kann uns meist schnell überzeugen, dass wir der leuchtenden Spur unseres Impulses nicht folgen können, weil wir zu dumm sind, zu klein, zu dick, zu alt, zu unerfahren oder zu „sonst was".

Den Preis, den wir bezahlen, wenn wir diesem inneren Beurteiler Glauben schenken, ist hoch: Wir bleiben in den Spuren des gesellschaftlich und kulturell Erlaubten, trotte(l)n die eingefahrenen Wege entlang, die Wirtschaft und Politik für uns erdacht haben, und sehen nur das von der Welt, was uns erlaubt wird zu sehen. Nur die Hexen und Zauberer, die Narren und Trickser unserer Zeit erfahren, welch wunderbar magische Welt hinter den Hecken und Büschen jenseits der eingetreten Pfade liegt. Jeder von uns trägt den

Archetyp des Magiers in sich. Jeder von uns trägt das Potential in sich, hinter den Schein zu blicken und sich zu erlauben, die Welt in ihrer Ganzheit zu sehen.

Einem neuen Lernimpuls zu folgen braucht Mut, braucht die Bereitschaft, sich auf einen unbekannten Weg einzulassen, und manchmal braucht es auch die richtigen Weggefährten: Menschen, die dich nicht beurteilen, sondern aufrichtig zuhören, wahrhaftig hinsehen und sich mitteilen ohne zu bewerten. Solche Zeitgenossen sind rar. Es sind jene Menschen, in deren Gegenwart wir aufblühen, in deren Licht wir unser wahres Potential erahnen, und die uns stets ermutigen, unseren inneren Impulsen zu folgen und uns darin unterstützen, die Ängste und Hindernisse zu überwinden.

Einer jeden neuen Bewegung geht ein Punkt der Ruhe voraus. Im englischen gibt es einen wunderbaren Begriff dafür: still point - der stille Punkt. Aus diesem Punkt, aus dem unbeweglichen Moment heraus, entsteht eine neue Richtung. Von diesem Punkt der Stille aus erscheint alles in einer neuen Perspektive, und es fällt dir leichter, dich mit deinen Bedürfnissen zu verbinden und zu handeln.

„Wenn es keine Trennung mehr zwischen „dies" und „das" gibt,
wird dies der Stillpunkt des Tao genannt.
Am stillen Punkt in der Mitte des Kreises
kann man das Unendliche in allen Dingen sehen."

- Zhuangzi

Ich wünsche dir den Mut, in deinem eigenen Leben mal auf die Stopp-Taste zu drücken und an einen solchen „still point" zu gelangen. Die Corona-Krise war für viele vielleicht schon gezwungenermaßen ein solcher Punkt, an dem einmal alles stillstand.

Wenn sich das Rad bei dir jedoch immer noch unverändert weiterdreht, lade ich dich ein, dem Songtext „Stoptaste" von Namika[35] zu lauschen und im nächsten Abschnitt noch ein Stückchen tiefer in meine ganz persönliche Erlebniswelt einzutauchen, um zu sehen, wie ich meine ganz persönliche Verbindung mit der Natur und dem Kosmos erlebe.

---

[35] Den Song findest du sicher selbst u.a. auf YouTube

Ein bisschen was von mir

Ich habe im Folgenden ein paar Anekdoten aufgeschrieben, die ich seit letztem Jahr erlebt habe (manche reichen auch etwas weiter zurück). Wenn du diese Geschichten liest, denkst du vielleicht: *„Hey, das kann nicht alles wahr sein. Das klingt eher nach einer schmalzigen Hollywood-Story als nach dem wirklichen Leben.“*

Aber ich versichere dir lächelnd: Sie sind wahr. Sie entspringen der wunderbaren Magie, die eintritt, wenn wir bereit sind, unserem Herzen zu folgen. Es sind die mystischen Zeichen, die in deinem Leben auftreten werden, um dir die richtige Richtung zu weisen. Es sind die wunderbaren Menschen, die auf deinem Weg eintreffen und dir dabei helfen, Vertrauen zu entwickeln, Hindernisse zu überwinden, zu gedeihen und „größer als“ zu werden. Größer als du es dir jemals vorstellen hättest können.

Wenn mir jemand am Silvesterabend des 31. Dezembers 2018 gesagt hätte, dass ich im kommenden Jahr kündigen und mich 2020 selbständig machen würde, hätte ich ihm gesagt. *„Bist du wahnsinnig! Nie und nimmer! Warum um alles in der Welt sollte ich das tun?“*

Jetzt – im Jänner 2020 - schreibe ich an diesen Zeilen und blicke auf den 3. Oktober 2019 zurück, als ich meine Kündigung in die Schule brachte. Es war ein großer Schritt für mich. Ein Schritt ins Unbekannte. Ein Schritt, der mich weit über meine Komfortzone hinausführte.

Seit 1998 habe ich als Volksschullehrerin gearbeitet. 20 Jahre lang. Ich liebte es, mit den Kindern zusammen zu sein. Ich genoss es, ihnen beim Lernen, Forschen und Entdecken zuzusehen. Ich liebte es, diese wunderbaren kleinen Menschen wachsen zu sehen, und ihr erstaunliches Potenzial zu erleben. Sie waren großartig! Und sie waren wundervolle Lehrer.

Im Laufe der Jahre haben sie mir beigebracht, mich immer mehr ihrer Art des Lernens zu öffnen. Ein Weg, der nicht von Angst und Druck geleitet wird (wie leider immer noch in unserem Schulsystem), sondern von Neugier Forschergeist, Freude, Teilen und viel, viel Liebe.

Die Kinder halfen mir herauszufinden, was echtes Lernen ist, denn ich war bereit zuzuhören, sie zu beobachten, mich demütig nach hinten zu stellen, all die Dinge beiseite zu legen, die ich zu wissen glaubte, und von den Meistern zu lernen.

Nach 20 Jahren kündigte ich meinen Job, einer Sehnsucht meines Herzens folgend, das mich auf einen Weg führen wollte, von dem ich erst noch herausfinden musste, wohin er mich führen würde.

Schon seit Jahren habe ich diese sanfte Stimme meines Herzens ein Lied der Veränderung singen hören. Aber ich habe nicht zugehört. Ich hatte zu viel Angst. Ich konnte tausend Gründe nennen, warum ich meinen Job nicht verlassen konnte.

Ich brauchte das Geld. Ich brauchte die Sicherheit. Ja, ich wollte unbedingt sicher sein, dass ich am Ende eines jeden Monats mein Gehalt bekommen würde. Und ich musste wissen, was ich am nächsten Tag tun würde. Wohin ich gehen würde. Was meine Aufgabe sein würde. Und neben all der Angst, diese Sicherheit zu verlieren, liebte ich es auch, Lehrerin zu sein.

Erst als mein Körper krank wurde und wirklich schmerzte, war ich bereit, auf die Botschaft zu hören, die durchzukommen versuchte. Erst dann hörte ich mein Herz immer lauter rufen: *„Folge mir nach! Folge mir!"*

Mein erster Schritt war, mir ein Jahr Karenz zu nehmen. Ich wollte mir ein Hintertürchen offenlassen, damit ich wieder zurückkehren konnte, wenn ich wollte (oder musste). An dem Tag, an dem ich den Karenzantrag unterschrieb, machte ich einen langen Spaziergang. Und ich machte einen Deal.

„Weißt du, ich bin bereit, auf mein Herz zu hören", betete ich, *„aber ich brauche wirklich ein Zeichen von dir. Jeden Tag oder zumindest sehr oft brauche ich etwas, das mir sagt, dass ich auf dem richtigen Weg bin. Ich brauche kleine Helfer auf dem Weg, weil ich wirklich verdammt viel Angst habe."*

Du kennst sicher die Geschichte von Hänsel und Gretel. Erinnerst du dich an den Teil, in dem Hänsel kleine Kieselsteinchen am Weg streut, damit sie wieder den Weg nach Hause finden würden? Nun, Gott hat mein Gebet wirklich gehört und hat kleine Steinchen der Hoffnung und Ermutigung auf meinem Weg verstreut. Ich erzähle dir in den folgenden Geschichten einige der wunderbaren, mystisch-magischen Erfahrungen, die ich gemacht habe.

Sie sind für mich auch ein Ausdruck dessen, was es ganz konkret bedeutet, was ich im ersten Teil meines Buches beschrieben habe. Ich teile diese ganz persönlichen Geschichten, weil ich dich ermutige, deine eigenen kleinen Schritte aus deiner Komfortzone heraus zu machen, ein Stückchen über den Rand deiner „Sicherheitsinsel" zu springen und deine Grenzen etwas zu erweitern.

Zeichen

Ende Oktober 2019 ging ich nervös durch die Stadt und wartete darauf, dass eine Frau mich zurückrief, da ich dringend ihre Hilfe brauchte, um ein größeres Problem zu lösen. Ich fühlte mich nicht gut und ging mit der Frage herum: *"Was soll ich bloß tun, wenn die mir nicht weiterhelfen kann?"*

Da erregte etwas Blaues auf der anderen Straßenseite meine Aufmerksamkeit. Es war mein inzwischen schon recht gut trainierter *„Gefühlsmuskel für göttliche Inspiration"*, der Alarm schlug. Also ging ich über die Straße, um es mir genauer anzusehen. Und da war es: Ein kleiner, türkisfarbener Aufkleber auf einem Abflussrohr. Eine Werbung für Schuhe, die in großen Buchstaben sagte: *„Walk with S.O.U.L."* Ich musste lachen. Wieder einmal wurde ich daran erinnert, meiner Seele zu lauschen und ihr zu vertrauen. Ich konnte entspannt weitergehen und meinen Stadtspaziergang genießen.

Die Art und Weise, wie Gott unsere Fragen beantwortet oder uns Zeichen gibt, ist so vielfältig, wie du es dir nur vorstellen kannst. Wir sind verbunden – mit Allem. Ob du daran glaubst oder nicht. Ob du es fühlst oder nicht.

Du kannst deinen eigenen „Gefühlsmuskel für göttliche Inspiration" entwickeln, um die Botschaften zu erkennen, die von der göttlichen Quelle zu dir kommen. Sie sind Antworten auf deine Gebete. Sie sind Antworten auf die Fragen, die in deinem Kopf herumschwirren.

Und es gibt immer Antworten. Immer. Wir haben einfach nicht gelernt, die Zeichen zu lesen. Wir haben nicht gelernt, auf die göttliche Stimme zu hören, die durch andere Menschen, durch Tiere oder sogar durch den Radio mit uns spricht. Wir haben nicht gelernt, die Zeichen zu sehen, die für uns ausgelegt sind, manchmal als kleiner Stein oder Feder, manchmal als Wort oder Satz, manchmal so groß wie ein blinkendes Neonschild direkt vor unserer Nase, und manchmal eben als kleiner blauer Aufkleber auf der anderen Straßenseite.

Ich ermutige dich, nach Antworten Ausschau zu halten, zu beginnen, die Geräusche um dich herum bewusster zu hören, nach den Kieselsteinchen Ausschau zu halten, die Gott auf deinen Weg streut.

Am Anfang kann es eine Herausforderung sein. Vermutlich wirst du Zweifel haben. Möglicherweise hast du Schwierigkeiten, diese feinen Töne zwischen all dem Alltagslärm herauszuhören. Und vielleicht fällt es dir schwer, die richtigen Worte zwischen den Zeilen zu lesen.

Aber schau weiter hin. Hör weiter zu. Fühle tiefer nach innen und außen. Vertraue weiterhin deinem Herzen.

Es gibt nichts zu verlieren.

Aber es gibt alles zu gewinnen.

Botschaft in der Schachtel

Letztes Frühjahr schenkte ich meinem Mann zum Geburtstag einen neuen Reisekoffer. Es wurde in einem riesigen Karton geliefert. Als ich die Schachtel entsorgen wollte, bemerkte ich, dass etwas in der Schachtel geschrieben stand. Es war eine schöne, bedeutungsvolle Botschaft:

Jetzt ist die Welt offen.

Du kannst überall hingehen.

Alles sehen.

Verlasse das Netz,

verlasse deine Komfortzone,

oder kehre zurück zu deinen Wurzeln.

Wir werden bei jedem Schritt deines Weges

bei dir sein.

Also geh raus.

Und bleib offen.[36]

Seither steht diese Botschaft in unserem Vorraum und erinnert uns immer wieder an die Möglichkeiten und das Potential, das das Leben für uns bereithält.

---

[36] Aus dem Englischen übersetzter Text, der im Inneren der Schachtel der Firma Away®Travel gedruckt stand.

Botschaften der Natur

Ich blieb auf dem Waldweg stehen und bückte mich, um sie aufzuheben. Da lag diese wunderschöne, dunkelbraune Feder mit unregelmäßigen beigen Streifen direkt vor meinen Füßen. Als hätte sie jemand extra für mich hingelegt.

Als ich von meinem morgendlichen Spaziergang nach Hause kam, recherchierte ich und fand heraus, dass es sich um eine Fasanenfeder handelte. In meinem Buch über Krafttiere las ich über die Botschaft des Fasans nach und verstand, dass meine Kreativität nach Ausdruck verlangte und dass dies dazu führen könnte, mich mit Fülle zu verbinden. Ich war besonders glücklich, das Wort Fülle zu lesen, da mir schön langsam das Geld ausging und ich mir Sorgen um meine finanzielle Zukunft machte.

Als ich am nächsten Tag einen anderen Weg für meinen morgendlichen Streifzug einschlug, war ich daher mehr als glücklich, eine weitere Fasanenfeder direkt auf meinem Weg zu finden - wieder! *„Wow"*, dachte ich *„was für eine wundervolle Bestärkung der Botschaft."*

Am darauffolgenden Tag kam meine älteste Tochter zu Besuch und wir beschlossen, eine kleine Wanderung zu machen. Wir spazierten einen breiteren Pfad entlang und unterhielten uns über dieses und jenes, als ich anhielt und mich bückte, um eine Feder aufzunehmen, die wieder direkt auf meinem Weg lag. Es war die dritte Fasanenfeder, die ich drei Tage hintereinander gefunden hatte. Es waren diese kleinen „Kieselsteinchen"

Gottes auf meinem Weg, die es mir leichter machten, meine finanziellen Sorgen loszulassen und mich kreativen Ideen zu öffnen. (Das war im Oktober – jetzt, wo ich dies schreibe, ist März, und ich nage immer noch nicht am Hungertuch.)

Doch der Fasan war nicht das einzige Tier, das mich durch monatelange Sorgen und Unsicherheiten führte. Als ich eines Tages, bei einem meiner Morgenrunden durch den Wald, mir immer wieder fein gesponnene Fäden vom Gesicht wischte, wurde mir bewusst, dass ich ständig in Spinnweben hineinlief, die sich über den Weg spannten. Also forschte ich nach, was die Spinne zu meiner aktuellen Situation zu sagen hatte.

Katharina Linhart beschreibt die Qualität dieses Krafttiers folgendermaßen: *„Dieses Krafttier ruft dich auf, dich deiner Kreativität, deiner weiblichen Schöpferkraft und deiner Lebensaufgabe zu besinnen. Bist du in einem Gedankennetz verstrickt, lähmen dich alte Muster oder Abhängigkeiten, so fordert dich die Spinne auf, die volle Verantwortung für dein Leben zu übernehmen, damit du dienen Traum wachtanzen kannst. … Vertraue dieser weisen Seelenführerin und nimm dein Schicksal in die Hand, indem du deine Bestimmung lebst.“*[37]

Dieser kleine „Kieselstein" hat mich nicht nur ermutigt, geduldiger zu sein und darauf zu achten, wie sich die Ereignisse entwickeln und sofort zu handeln, wenn sich Gelegenheiten ergaben, er brachte mich auch dazu, meine

---

[37] www.wirkendekraft.at/Krafttier_Spinne/

weibliche Seite zu erkunden und mich den Qualitäten weiblicher Energie zu öffnen.

Ich nahm mir die Botschaft der Spinne zu Herzen. Das brachte in der Folge eine große Veränderung in mein Bewusstsein, eine Frau zu sein. Es läutete eine ganze Kaskade von Ereignissen ein, die meine Überzeugungen darüber, was es bedeutet, eine Frau zu sein, gründlich veränderten.

Fliegen

Während der Sommerzeit kann ich kein Fenster öffnen, ohne dass eines dieser nervigen Insekten hereinfliegt. Erst als ich anfing, mit Krafttieren zu arbeiten, bemerkte ich, dass Fliegen nicht zufällig in mein Leben kommen, nur weil ich ein Fenster offengelassen hatte, sondern manchmal auch mit einer Botschaft in mein Haus und in mein Leben schwirren.

Da saß ich nun eines Tages, frustriert und fast verzweifelt, auf meiner Couch. Ich war über 8 Monate zu Hause, arbeitete an meiner zukünftigen Selbstständigkeit und hatte das Gefühl, nicht weiterzukommen. Ich wollte aufgeben und zu dem zurückkehren, was ich kannte. Ich hatte Angst.

Da erregte eine kleine Bewegung in meinem Augenwinkel meine Aufmerksamkeit. Eine große, fette Fliege surrte am Fenster herum. Ich saß einfach da und beobachtete, wie das Insekt herumwirbelte, überrascht, diese kleine Kreatur inmitten eines eiskalten Wintertages zu sehen. Da kam mir der Gedanke, über das Krafttier Fliege nachzulesen.

Ich lernte, dass die Kraft der Fliege Ruhe und Gelassenheit beinhaltet und uns die Möglichkeit gibt, Dinge zu tun, die wir noch nie zuvor gewagt haben. Die Fliege lehrt Ausdauer, Nervenstärke und Geduld. All dies waren Fähigkeiten, die ich brauchte, um meine aktuelle Lebensphase zu meistern. Da die Fliege ein Aasfresser ist, kann sie auf „alte Themen" hinweisen, die betrachtet werden müssen. Sie half mir, Ängste aufzudecken, die mir nicht bewusst waren, und zu erkennen, was mir „auf die Nerven ging". Daran konnte ich arbeiten. Sobald ich die Nachricht begriffen hatte, war die Fliege verschwunden.

Vielleicht fragst du dich, warum ich hier so viele „Tiergeschichten" erzähle?

Für mich ist eines ganz klar geworden. Wir Menschen sind ein Teil der Natur. Wir sind ein Teil dessen, was da draußen auf Wald und Wiese wächst und kreucht und fleucht. „Eingemummelt" in unseren Häusern und Wohnungen, und „eingelullt" von Medien, Konsum und Komfort, kriegen wir nichts davon mit, was unsere wahre Natur ist, und dass wir untrennbar mit der Welt um uns herum verbunden sind. Wir nehmen uns als einzelne Wesen wahr und begreifen nicht, dass wir nicht von einander getrennt sind.

Erst mein Erleben mit den Tieren, mein Einlassen auf die Rhythmen des Waldes und seiner Bewohner, mein Hinhören und Hinsehen auf die Pflanzenwesen haben mich gelehrt, dass auch in unserer modernen Welt diese Verbindung lebendig und aufrecht ist, wie eh und je.

"Die Koyukon (eine indigene Gruppe in Nordalaska, Anm. der Autorin) verstehen, dass die Natur mit uns interagiert und dass wir ein Teil der gesamten Gemeinschaft sind und dass es völlig normal ist, mit der Natur zu sprechen. Das Fehlen dieses Verständnisses in unserer eigenen Kultur ist der Grund für die Tiefe und Schärfe unseres Verlustes.", [38] sagt Richard Nelson.

---

[38] Nelson in: White. Talking on the Water. S 88

Was mich besonders fasziniert, ist die Tatsache, dass ich gerade mal einen flüchtigen Blick auf die Möglichkeiten erhascht habe, die die Rückkehr zu einer bewussteren Verbindung mit Mutter Natur und ihren Rhythmen bedeuten kann. Gerade mal ein „ganzes halbes Jahr" ist vergangen.

Und: Es gibt keinen Weg mehr zurück. Ich habe die wahre Freiheit gekostet, die diese Verbundenheit bringt. Ich kann nicht mehr zurück in alte Strukturen, ohne mich wie ein Tiger im Käfig zu fühlen.

Als ich im Zuge meiner Vorbereitung für meine Selbständigkeit noch einmal zurück in „alte Strukturen" musste, wurde mir die Enge und Starre dieser künstlich erschaffenen Strukturen mit all ihrer Härte bewusst.

Ich brauchte ein Praktikum für die Gewerbeberechtigung als Lebens- und Sozialberaterin, und absolvierte dieses in einer psychiatrischen Einrichtung für Kinder- und Jugendliche. Ich schätze die Menschen, die dort ihre Arbeit leisten sehr, und bewundere ihr Bemühen und ihren Einsatz.

Was mich erschreckt hat, war das Krankenhaussystem selbst, das aus meiner Sicht alles, nur nicht den Menschen im Blickfeld hat. Es sind jahrhundertalte Ängste, verkörpert durch Regeln, Strukturen und Abläufen, die den Alltag regieren, ohne je kritisch hinterfragt zu werden. Wir folgen Regeln, die Menschen aufgestellt haben, die schon lange tot sind.

Es sind diese Angststrukturen, die oft zwischen uns stehen, und die es verhindern, dass wir uns in unserer Ganzheit als Wesen wahrnehmen, die nicht voneinander getrennt sind.

Sich von Angst zu lösen erfordert bewusste, lernbereite, mutige Menschen.

Herzensprojekte

Ich erhalte jede zweite Woche eine kleine, lokale Zeitschrift zugesendet, werfe sie jedoch immer sofort ungelesen weg. An diesem einen Tag Anfang November 2019 hielt ich die neueste Ausgabe in der Hand und bemerkte aber ein Zögern, als ich den roten Deckel meiner Altpapiertonne öffnete, um sie zu entsorgen.

„Behalte sie!", war mein erster Impuls.
Ich wurde neugierig.

Also fing ich an, die Zeitschrift durchzublättern. Dann war er dort, auf Seite 7: Der Artikel über einen Verein, der eine Online-Plattform für Menschen geschaffen hatte, die im Bereich der Herzens- und Bewusstseinsbildung arbeiteten. Die Plattform *Herzensprojekte*. [39]

Ich wusste sofort, dass ich Teil dieser Gruppe sein wollte, also meldete ich mich zum ersten offenen Stammtisch an, den sie hatten. Ich habe wundervolle, gleichgesinnte Menschen getroffen. Ich erhielt wertvolle Tipps, Hilfe und Unterstützung, und es entwickelte sich eine Freundschaft, die mich durch so manche schwierige Phase trug.

Und all dies durfte sich in meinem Leben entfalten, weil ich einem leisen Impuls, den ich verspürte, Beachtung schenkte.

---

[39] http://www.herzensprojekte.info/

Baumkrone

Wenn ich am Küchentisch sitze, sehe ich die Krone einer riesigen Fichte in unserem Garten. Als ich in meine Wohnung einzog, war die Baumspitze dieser Fichte der Aussichtspunkt für Amseln. Seit Jahren beobachte ich die Vögel, die auf dieser Baumkrone sitzen.

Im Sommer 2018 bemerkte ich, dass da draußen eine Veränderung stattfand. Hin und wieder setzte sich nun auch eine Taube auf die Spitze. Im Frühjahr 2019 teilten sich sogar zwei Tauben den Raum des Aussichtspunktes. Seit Sommer vergangenen Jahres wechseln sich nun Amseln, Tauben, Elstern und weibliche Spechte ab, auf der Spitze der Fichte zu sitzen.

Eines Tages im Spätherbst dachte ich, ich wäre mitten im Märchen von Schneewittchen gelandet. Es war ein herrlicher, sonniger Herbsttag. Auf dem gesamten Geländer unserer Terrasse hatte sich eine ganze Schar Stare aufgereiht. In der Fichte und in den Büschen rundum tummelten sich eine Vielzahl unterschiedlichster Vögel: Elstern, Amseln, Spechte, Tauben und hin und wieder flitzten einige Rotkehlchen zwischen den Zweigen hervor. Im Gras sprangen unzählige Blaumeisen und Kohlmeisen herum. Einige von ihnen saßen sogar direkt vor mir auf der Fensterbank und spähten herein.

Die meisten von uns achten nicht auf die Anwesenheit von Vögel. Wir erkennen nicht die wertvollen Botschaften, die sie uns bringen. Vögel haben eines gemeinsam: Das Element Luft. Dieses Element ist mit Denken, Kommunikation, Freiheit und innerer Klarheit verbunden. Sobald du dich dem Element Luft öffnest und eine frische Brise deine festgefahrenen Ideen und Meinungen aufwirbeln darf, bietet sich dir die Gelegenheit, tiefe Einblicke zu gewinnen.

Die Vögel haben mir wichtige Botschaften gebracht. Botschaften, die mir halfen, tiefer zu gehen, die mir halfen, mich und meine Muster besser zu verstehen, die mir halfen, hinter die Masken zu schauen, die ich noch trug. Ich konnte erst dann wahrnehmen, dass ich mich manchmal hinter Masken versteckte um meine Angst, oder Gefühle von Schuld und Scham zu verdecken. Die Krafttiermedizin der Vögel lehrte mich, diese Schutzmasken zu entdecken und eine nach der anderen abzustreifen.

Ich erinnere mich noch genau an den Tag, an dem ich zum ersten Mal einen Specht auf der Baumspitze vor meinem Küchenfester sah. Ich hatte gerade angefangen, an diesem Buch zu schreiben und über meine sich verändernden Erfahrungen mit der Zeit zu erzählen.

Die Botschaft, die ich vermitteln wollte, war mir schnell klar: Finde deinen eigenen Rhythmus wieder und verbinde dich mit jenen des Kosmos. Ich genoss es sehr zu schreiben, doch immer wieder tauchten Bedenken auf, und ich hatte Sorge, dass ich meine Zeit verschwende und eigentlich etwas anderes tun sollte.

Als ich nachschaute, welche Botschaft der Specht in mein Leben bringen wollte, war ich erstaunt. Wieder einmal wusste ich, dass dies einer der besonderen „Kieselsteinchen" Gottes für mich war, denn in einem Buch über

Krafttiere hieß es: „*Wenn der Specht in dein Leben kommt, zeigt dies an, dass das Fundament da ist. Es ist jetzt sicher, deinen eigenen Rhythmen zu folgen.*"[40]

Als dieser Waldvogel in mein Leben kam, verstand ich, dass ich auf dem richtigen Weg bin. Er klopfte gewissermaßen an meine Tür und lud mich ein, das Lied meines Herzens zu hören.

Wenn wir diesem Rhythmus folgen, wird sich das Leben für uns in seiner Fülle entfalten. Ich wurde ermutigt, meinem eigenen Rhythmus zu folgen, und meinen eigenen einzigartigen Tanz mit den Rhythmen des Universums zu tanzen.

---

[40] Vgl. Andrews. Animal Speak.

Schmetterlinge

Der Monat Dezember 2019 war für mich ein „Schmetterlingsmonat". Alles begann mit einer verzweifelten Bitte: *„Gott, bitte erkläre mir: Warum um alles in der Welt muss Fred (mein Ehemann) für drei Monate in die Staaten! Das sind 12 Wochen, 90 Tage, in denen wir nicht zusammen sein können!"*

Während ich traurig und frustriert über diese Situation nachdachte, starrte ich auf die Bettdecke und bemerkte zum ersten Mal bewusst, dass man die Formen von Schmetterlingen in dem bunten Muster erkennen konnte.

Am selben Tag waren wir bei einem guten Freund zum Mittagessen eingeladen. Als wir zu Tisch saßen, sah ich eine neue Packung wunderschöner Inspirationskarten dort liegen. Ich durfte eine Karte ziehen. Ihre Botschaft lautete: *"Öffne deine Seelenflügel. Es ist jetzt Zeit, um dich von der Raupe zum Schmetterling zu entwickeln. Entfalte deine Seelenflügel und schwinge dich in die Lüfte. Lasse den Wind der Freiheit dich begleiten."*

Einige Tage später besuchte ich einen Kurs über Energiearbeit. Die Unterrichtende sprach mehrmals über die Transformation, die man durch das Lernen dieser Arbeit erleben könnte und betonte dreimal im Laufe des Tages: *„In nur drei Monaten kann eine tiefgreifende Transformation stattfinden."*

Erst dann dämmerte mir, dass hinter den drei Monaten unserer unfreiwilligen Trennung ein wunderbarer Plan stecken könnte.

An meinem Geburtstag, am 10. Dezember, erhielt ich von meinen Eltern eine wunderschöne Karte, die mit zahlreichen leuchtend-glitzernden Schmetterlingen bemalt war, und am selben Abend kam meine Tochter mit einem neuen T-Shirt nach Hause. Darauf flatterten, in grellem Neonorange, drei kleine Schmetterlinge um eine Blume herum.

Kurz vor Weihnachten besuchte ich im Botanischen Garten eine Ausstellung übers Räuchern. Es war nicht das, was ich erwartet hatte, und ich wollte gerade enttäuscht das Haus verlassen, als mir ein buntes Schild auffiel: *"Fliegende Juwelen - tropische Schmetterlinge"*. Eine Minute später stand ich im Tropenhaus inmitten riesiger Schmetterlinge, die in den erstaunlichsten Farben um mich herumflatterten.

Zum Ende des Monats habe ich mir dann einen neuen Kalender für das kommende Jahr gekauft. Die Außenseite war schlicht gestaltet: beige mit kleinen, zarten Blumen darauf. Erst zu Hause, als ich anfing, durch die Seiten zu blättern, bemerkte ich, dass es hin und wieder eine Seite mit Sprüchen gab - sie waren alle mit Schmetterlingen illustriert.

Hier sind die Sätze:

Ohne Veränderung gäbe es keine Schmetterlinge.

Immer noch im Werden.

Mit tapferen Flügeln fliegt sie.

Sie trat an die Kante ... und flog.

Ja, der Dezember war definitiv mein Schmetterlingsmonat. Den ganzen Monat über hat Gott diese flatternden Juwelen für mich verstreut, die mich zum Verständnis brachten, dass ich mich in einer Zeit der Transformation befinde und wirklich die Zeit des Allein-seins brauche, um nach innen zu gehen, tiefe emotionale Arbeit zu leisten, zu schreiben, mich auszuruhen und zu transformieren.

Quarantäne

Im April, in der (fast) die ganze Welt in Quarantäne steckte, genoss ich die Zeit mit meiner Familie und war direkt dankbar für die Möglichkeit, wirklich viel Zeit meinen Buchprojekten widmen zu können.

Da ich am Land lebe, ist es für mich einfach, weiterhin meine fast täglichen Spaziergänge zu machen. Dabei habe ich etwas sehr Interessantes entdeckt. Im heurigen Jahr ist das Kraut, das wir landläufig *Hänsel und Gretel* nennen, besonders groß und üppig gewachsen. Weil ich jährlich Kräuter sammle, weiß ich, dass es Jahre gab, wo es zumindest hier bei uns sehr klein und spärlich verteilt wuchs.

Ich war überzeugt: *Hänsel und Gretel*, auch bekannt als *Lungenkraut*, eilt uns aus der Pflanzenwelt zu Hilfe, um uns mit den Symptomen der Krankheit zu unterstützen. Kräuterkundige wissen, dass es als Tee oder als Zutat in einem Salat oder einem Smoothie vor allem bei Atemwegserkrankungen hilft. Liest man nach, erfährt man, dass es bei Halsweh, Husten, Heiserkeit, Lungenentzündung und auch bei Blasenproblemen und Durchfall hilft. [41]

Also sah ich nach und auf der Website der WHO hieß es:" *Die häufigsten Symptome von COVID-19 (Coronavirus) sind Fieber, Müdigkeit und trockener*

---

[41] Vgl. www.kostbarenatur.net/anwendung-und-inhaltsstoffe/geflecktes-lungenkraut-echtes-lungenkraut/

Husten. Einige Patienten haben möglicherweise Schmerzen, verstopfte Nase, laufende Nase, Halsschmerzen oder Durchfall." [42]

Ist es ein Zufall, dass gleich um die Ecke im Wald gerade ein Kraut äußerst üppig wächst, das genau diese Symptome lindert?

Das glaube ich kaum.

---

[42] www.who.int/news-room/q-a-detail/q-a-coronaviruses#:~:text=symptoms

Die Rhythmen des Lebens zurückverfolgen

Die besten Ideen und Einsichten habe ich sehr oft in der Zeit zwischen dem Schlafen und Wachen, in dieser Phase wo man *noch nicht*, oder *nicht mehr* richtig munter ist, aber auch nicht mehr schläft, bzw. *noch nicht* schläft. In einer solchen Übergangsphase hatte ich das Bild einer dünnen Linie, die in größeren und kleinen Schlaufen und Windungen über mehrere Seiten hinweg verlief.

Mir kam die Idee, die Geschehnisse in meinem Leben auf einer solchen Linie als Stationen einzuzeichnen. Es war eine kreative, spannende Form für mich, das, was ich innerlich an Zusammenhängen spürte, in eine greifbare Darstellung zu bringen.

Ich möchte dir den Verlauf einer solche Linie beschreiben. Sie beginnt bereits, als ich noch ein junges Schulkind war. Ich liebte es, Englisch zu sprechen und zu lesen. Als ich mein erstes Taschengeld bekam, setzte ich dieses nicht, wie viele meiner Freunde es taten, in Süßigkeiten um, sondern kaufte mir ein englisches Buch. Es gab eine vereinfachte Kinderedition bekannter Walt Disney Geschichten, und ich investierte mein gesamtes Taschengeld in ein Buch pro Monat und las die Bücher wieder und wieder.

Später, als Jugendliche und dann als junge Erwachsene, vermisste ich die Möglichkeit, mit Menschen Englisch sprechen zu können – es ergaben sich einfach keine Gelegenheiten. Also beschloss ich, zumindest Englisch zu lesen. Trotz meines Maturaniveaus waren meine Englischkenntnisse nicht gut genug, um anspruchsvolle Literatur zu lesen, also griff ich als junge Erwachsene zu Harry Potter. Diese fantastische Buchserie war mein Einstieg in die englischsprachige Literatur. Wenig später begann ich, Sachbücher zu lesen. Vor allem Themen aus der Neurobiologie, der Quantenphysik, der Achtsamkeitsliteratur und der Spiritualität interessierten mich sehr.

Im Rückblick sehe ich, wie wichtig diese Erfahrungen und das kontinuierliche Steigern meiner Englischkenntnisse waren, bevor ich meinen Mann Fred kennenlernte. Er spricht ausschließlich Englisch. Ich hätte mich niemals so vertiefend und anregend mit ihm unterhalten können, hätte ich nicht das Sprachniveau gehabt, das ich entwickelt hatte.

Heute liebe ich es, meine eigene schriftliche Arbeit, seien es Geschichten, Gedichte oder Bücher, auch in Englisch zu verfassen. Nicht nur, damit auch mein Mann sie lesen kann, sondern weil ich den Rhythmus und die poetische Ausdrucksmöglichkeiten der englischen Sprache liebe.

Kannst du die Verkettung der Zusammenhänge erkennen? Egal wo du hinschaust: wenn du beginnst, die Ereignisse in deinem Leben zurück zu verfolgen, wirst du sehen, dass es hier sehr spannende Zusammenhänge zu entdecken gibt.

Du wirst vielleicht auch erkennen dürfen, dass es immer ein innerer Impuls ist, der dich führte, einer Sache nachzugehen, und dass sich die Gelegenheiten in deinem Leben so ergeben, dass es dir möglich ist, diesen Impulsen immer vertiefender zu folgen.

Vielleicht hast auch du Lust bekommen, eine solche Lebenslinie aufzuzeichnen? Dann nimm ein großes Blatt Papier (z.B. Flipchart- Größe) oder ein sehr langes (z.B. von einer Zeichenrolle) und ziehe eine lange, verschlungene Linie. Notiere dann entlang der Linie mit kurzen Stichworten die einzelnen Stationen.

Ermutigung

Mut ist ein sehr spezieller Weggefährte. Er ist nie von Anfang an mit dabei.
Er kommt erst hinzu, wenn man bereits auf dem Weg ist.
Mut kommt beim Tun. Doch dann ist ein natürlicher Begleiter, eine Energie,
die sich in dir breit macht und die dir Flügel verleiht.
Doch zuerst musst du den ersten Schritt tun
und musst dich auf den Weg machen.
Zuerst musst du springen -
und vertrauen.

Wir sind multidimensionale Wesen. Wir sind viel mehr als unsere physische Existenz. Unser Körper dient uns als Vehikel, als Träger unserer Seele. Wir sind so sehr mit dem Überleben in dieser „*ver*-rückten" Welt beschäftigt, dass wir völlig vergessen haben, dass wir hier auf Erden sind, um zu erblühen.

Um uns in unsere Ganzheit wieder neu zu entdecken, und unser Leben danach auszurichten, ist ein abenteuerliches, manchmal mühsames und manchmal beängstigendes Unterfangen.

Doch der Weg und die Mühe lohnen sich. Wieder in Kontakt, in Verbindung mit der natürlichen Welt zu kommen, bringt uns, wie Roger Payne es in einem Interview sagt, *„Belohnungen, die ihresgleichen in der menschlichen Welt suchen."*[43]

Die Fähigkeiten, die wir dazu brauchen, tragen wir alle in uns. Die große Herausforderung ist es, in die Umsetzung zu kommen. Es braucht den ersten Schritt, der bedeutet, das bisher Gelernte zu hinterfragen.

Ich wünsche dir den Mut, dich auf jenen Weg zu machen, den die Navajo Indianer als Hózhó bezeichnen – *Weg der Schönheit*. Es ist eine Metapher, die ausdrückt, dass wir die Schönheit der Welt und unseres Lebens erkennen und darum bemüht sind, diese zu erhalten. Es geht um unsere Gesundheit, unser Glück, um Weisheit, Wissen und Harmonie, sowohl im weltlichen als auch im spirituellen Sinn.

Möge mein Buch ein Wegweiser für dich sein dürfen, dir einen neuen Zugang zu deiner multidimensionalen Wesenheit zu bekommen. Mögest du durch das

---

[43] Payne in: White. Talking on the Water. S 35

Lesen meiner Erfahrungen und Gedanken erinnert werden, dich auf deine Herkunft als göttliches Wesen zu besinnen und deinen menschlichen Körper mit der Würde deiner wunderbaren Wesenheit voll auszufüllen.

Dank

Die Welt tanzt

Und ich sehe die Welt und die Welt sieht mich.

Die Welt sieht **mich**!

Und wir blicken uns an und dann ...

dann tanzen wir und tanzen, tanzen, tanzen,

bis ins Grau des Morgens,

und wenn wir uns zufriedenmüde ins Gras legen,

halten wir uns immer noch.

Und wir lachweinen und liebhassen,

und satthungern, die Welt und ich,

wir dursttrinken und gebnehmen

schweigschreien und zufriedensehnen uns,

und alles, alles gehört dazu.

Und wenn's spät wird und die Nacht schwärzt,

geht der Atem ganz ruhig

und mein Herz lächelt sein breitestes DANKE.

- K.D.

Literatur

Ausserer, Caroline. Menstruation und weibliche Initiationsriten. Frankfurt/Main 2003

Bertrand, Azra & Seren. Womb Awakening. Initiatory Wisdom from the Creatrix of all Life. Rochester. Vermont 2017

Birkenbihl, Vera F. Stroh im Kopf. Vom Gehirn-Besitzer zum Gehirn-Benützer. München 2000

Chia, Mantak. Dunkelraum. Moderne Techniken der Erleuchtung durch Dunkelheit. Hanau 2013

Devereux, Paul. Die Seele der Erde entdecken. Ullstein Verlag 2001

Dillard, Annie. The Writing Life. New York 1989

Ferstl, Ernst. Herznah. Gedichte. Asaro-Verlag 2003

Fischer-Homberger, Esther. Krankheit Frau und andere Arbeiten zur Medizingeschichte der Frau. Bern. Stuttgart. Wien 1979

Fraberger, Georg. Ohne Leib mit Seele. Salzburg 2013

Gibral, Kahlil. Der Prophet. 36. Aufl. Zürich 1973

Gómez-Sánches PI, Pardo-Mora YY, Hernández-Aguirre HP, Jiménez-Robayo SP, Pardo-Lugo JC. Menstruation in history. Invest Educ Enferm. 2012; 30 (3): 371-377

Gray, Miranda. Roter Mond. Von der Kraft des weiblichen Zyklus. Wiggensbach 2015

Hart, Sura; Kindle Hodson, Viktoria. Respectful Parents; Respectful Kids. 7 Keys to Turn Family Conflict into Co-operation. Encinitas 2006

Hemm, Dagmar. Noll, Andreas. Die Organuhr. Gesund im Einklang mit unseren natürlichen Rhythmen. München 2012

Krailheimer, Hans. Kein Ausweg ist auch einer. Verlag Ernst Heimeran 1954

Levey, Joel & Michelle. Living Balance. Saline, Michigan 2014

Moody, Harry R. Sinnkrisen in der Mitte des Lebens. 1997

Ober, C., Sinatra, S.T., Zucker, M. Earthing. The most important discovery ever? Basic Health Publications, Inc., Laguna Beach, CA 2010

Ruland, Jeanne. Heilige Geometrie in Aktion. Darmstadt 2018

Schaller, Anton. Paracelsus und Frauenheilkunde. In: Gynäkologische Geburtshilfe Rundschau. 1993. Ausgabe 33. 251 – 257

Schiller, Friedrich. Theoretische Schriften. Über die ästhetische Erziehung des Menschen in einer Reihe von Briefen. (15. Brief)

Slingerland, Edward. Wie wir mehr erreichen, wenn wir weniger wollen: Das Wu-Wei-Prinzip. Berlin 2014

Steindl-Rast, David. Achtsamkeit des Herzens. München 1988

White, Jonathan. Talking on the Water. Conversations about Nature and Creativity. San Antonio, Texas 2016

Internetquellen:

www.zeit.de/campus/2018-09/menstruation-tabuisierung-universitaet-bachelorarbeit-bildung/ Stand: 19.03.2020

www.soundtracker.com/ Stand: 01.01.2020

www.inana.info/blog/2018/11/10/zeit.html Stand 20.03.20

www.kostbarenatur.net/anwendung-und-inhaltsstoffe/geflecktes-lungenkraut-echtes-lungenkraut/ Stand 22.02.20

www.who.int/news-room/q-a-detail/q-a-coronaviruses#:~:text=symptoms Stand 22.02.20

Über mich

Ich lebe mit meinem Mann und meiner jüngsten Tochter in Hargelsberg/ OÖ. 1972 wurde ich in der Steiermark geboren, wuchs in Süd-Afrika auf und zog 1984 mit meiner Familie nach Linz/OÖ.

Meine Erfahrungen mit emotionaler Körperarbeit, schamanischen Seelen-reisen, Qigong Dancing, Originalplay, meine Liebe zu spirituellen Themen und kreativem Ausdruck (Kunst, Tanz, Poesie) und die intensive Suche nach dem „Mehr" im Leben haben mich veranlasst, im Sommer 2019 nach zwanzig Jahren als Lehrerin zu kündigen und neue Wege zu gehen. Mein erstes Werk *„Rhythmuswechsel"* schrieb ich als Antwort und Ausdruck meines neuen Zeiterlebens und meiner Entdeckung der *Herz-Zeit*.

In meiner „Entwicklungsmeisterei" arbeite ich insbesondere mit Frauen und begleite sie darin, sich ihrer wahren Größe zu besinnen, und sich aus allen Blockaden, hinderlichen Glaubenssätzen und negativen Mustern heraus zu *ent*-wickeln. Ich liebe es zuzusehen – so wie ich es als Lehrerin auch bei den Kindern so herrlich beobachten konnte – wenn Menschen ihren ursprünglichen Kern entdecken und anfangen zuzwachsen. Ursprünglich und wild.

Denn eines glaube ich fest: **wir sind hier, um zu blühen!**

Entwicklungsmeisterei

Werkstatt für Energetik, Beratung

Kreativität & Potentialentfaltung

www.entwicklungsmeisterei.art